Michael Schurwanz

Umdenkbar

Weshalb die Lösung der Klimakrise
in der Schöpfung zu finden ist

Michael
Schurwanz

Um
denkbar

Weshalb die Lösung der Klimakrise in der Schöpfung zu finden ist

BONIFATIUS

Bibliografische Information der Deutschen Nationalbibliothek:
Die Deutsche Nationalbibliothek verzeichnet diese Publikation in der Deutschen Nationalbibliografie; detaillierte bibliografische Daten sind im Internet über http://dnb.d-nb.de abrufbar.

Klimaneutrale Produktion.
Gedruckt auf umweltfreundlichem, chlorfrei gebleichtem Papier.

Umschlaggestaltung: Weiss Werkstatt München, werkstattmuenchen.com
Umschlagillustrationen: © shutterstock | Vanesa Duque (Motiv);
© shutterstock | Lek KB (Fond)
Satz: Bonifatius GmbH, Paderborn
Druck und Bindung: CPI books GmbH, Leck
Printed in Germany

ISBN 978-3- 398790-044-0
Weitere Informationen zum Verlag:
www.bonifatius-verlag.de

Vorwort

In diesem Buch wird die These erläutert, dass uns Gott niemals aus dem Paradies vertrieben hat, sondern im Gegenteil: Er hat uns sehr viele Kompetenzen und sehr viele Fähigkeiten geschenkt, damit wir das Potential seiner Schöpfung und ihre Regeln erkennen. Mit ihrer Hilfe dürfen und können wir selbst ein Paradies auf der Erde gestalten, in dem alle Menschen und alle Lebewesen in Glück und Frieden miteinander leben können.

Aber wie das so mit Regeln ist: Wenn wir sie nicht richtig oder nur teilweise verstehen und unglücklich oder einseitig anwenden, geraten wir leicht in komplizierte und bedrohliche Situationen, wie wir sie heute erleben. Dann hilft es, innezuhalten, alle bisherigen Erkenntnisse zusammenzutragen, sie zu hinterfragen und sie umzudenken, um ein neues Verständnis von den Zusammenhängen zu entwickeln und bessere Lösungen zu finden. Dieser Umdenk-Prozess fällt uns allen sehr schwer, weil wir nur sehr ungerne unsere Komfortzone verlassen.

Die Schöpfung liefert uns dazu einen gigantischen Baukasten an Möglichkeiten und hat für alle Probleme stets passende Lösungen. Immerhin haben die Erde und das Leben auf ihr schon sehr viele Krisen ohne den Menschen gelöst. Wenn wir offen sind und die Naturgesetze geschickt und sehr umsichtig anwenden, finden auch wir die passenden Lösungen für unsere heutigen Probleme.

Dieses Buch liefert uns dabei Ideen, wie ein Prozess „Innehalten, Zusammentragen, Hinterfragen und Umdenken“ aussehen kann. Dabei liefert es viele Angebote, die die Schöpfung (die Natur) bzw. Gott uns jetzt schon zu erkennen gegeben hat. Unsere heutige Situation und unsere Probleme sind bei Weitem nicht so aussichtslos, wie sie uns erscheinen. Fast immer liegt die Ursache in unserer Mentalität, weil wir nicht zum Umdenken bereit sind.

Anmerkungen zum Verständnis von „Gott“:

Bitte stören Sie sich nicht am Begriff „Gott“, wenn sie Atheist oder andersgläubig sind. „Gott“ und „Schöpfung“ sind Synonyme für „Natur“ und können einfach durch „die Natur“ ersetzt werden. Genauso wie „Das Wort Gottes“ und „Gottes Gesetze“ als Synonyme für die Naturgesetze betrachtet werden können. In unserer Gesellschaft haben sich viele Zitate aus der Bibel etabliert, die auch Atheisten häufig kennen und verstehen, wie zum Beispiel die „Vertreibung aus dem Paradies“.

Dieses Buch ist naturwissenschaftlich geprägt und enthält viele eigene Schlussfolgerungen, basierend auf logischen Regeln. Ich nutze aber gerne an der einen oder anderen Stelle Bibelzitate, weil sie das Verständnis für viele Sachverhalte deutlich erleichtern. Klar, dass hier der Begriff „Gott“ dann vorkommt. Gerade hier im Vorwort kann mit Hilfe des religiösen Bezugs ein besonders eindringlicher und prägender Bezug zum Thema des Buches hergestellt werden, dessen Bedeutung auch Atheisten verstehen werden.

Einführung

Einst lebten wir wie (fast) alle Lebewesen in den Tag hinein, ohne konkretes Ziel. Wir lebten von dem, was gerade kam und uns geboten wurde. Aber wir konnten die tieferen Zusammenhänge in der Natur und damit der Schöpfung nicht verstehen. Unsere „Nacktheit" bestand in fehlender Erkenntnis.

Gott wollte und will, dass wir mehr aus uns machen, und stattete uns mit vielen besonderen Merkmalen und Fähigkeiten aus, die uns von den restlichen Tieren deutlich unterscheiden. Im ersten Kapitel des Buches werden diese Fähigkeiten näher erläutert.

Die bedeutendste Fähigkeit, die er uns schenkte, ist der Verstand. Er erlaubt es uns, die Natur, ihre Gesetze und damit die Schöpfung in ihrer vollen Brillanz zu erkennen und zu begreifen, wenn wir es zulassen. Unser Verstand ist der Zugang zum Baum der Erkenntnis. Jeder Gedanke und jede Idee brauchen Zeit zum Reifen, so wie ein Apfel am Baum. Das Ergebnis ist eine Erkenntnis symbolisiert durch eine reife Frucht (Apfel). Und die erste Erkenntnis, die wir im Leben erfahren ist, dass wir nichts wissen und damit nackt sind.

So kommt jeder von uns auf die Welt: Als unbeschriebenes Blatt, ohne Wissen und ohne Erkenntnisse, aber mit sehr viel Potential, um Wissen und Erkenntnisse aufzubauen und Fähigkeiten zu entwickeln. Von unserer Hardware her (unserem Körper und insbesondere unserem Gehirn) sind wir auf der Erde mit Sicherheit die aktuelle Krone der Schöpfung.

Damit wir unser Wissen, unsere Erkenntnisse und unsere Fähigkeiten zuverlässig aufbauen und erweitern können, brauchen wir absolut verlässliche und klare Regeln/Gesetze: die Naturgesetze. Sie bezeichne ich gerne als das wahre „Wort Gottes", dem sich alles in der Natur beugt. Diese Gesetze werden von allem und allen strikt und ohne Ausnahme befolgt. Verstöße gegen die Naturgesetze sind unmöglich. Das ist auch notwendig, um uns absolute Verlässlichkeit und Vertrauen in das Leben und seine Abläufe zu geben.

Geschrieben sind diese Naturgesetze, die im gesamten Universum gelten, in der Sprache der Mathematik und Logik. Im zweiten Kapitel werden einige sehr wichtige Naturgesetze vorgestellt, die die Genialität der Schöpfung zeigen und die für den einen oder anderen Aha-Effekt sorgen werden.

Gott erlaubt uns diesen tiefen Einblick in sein Werk. Denn die dargestellten Naturgesetze sind bereits Erkenntnisse, die wir ohne seine Zustimmung niemals bekommen hätten. Er schenkt uns Wissenschaftler, die dieses Wissen in jahrelanger Forschung inklusive ständiger Überprüfung schaffen.

Am Ende des zweiten Kapitels werden einige wichtige Leitfäden für die wissenschaftliche Arbeit vorgestellt. Das ist insofern wichtig, damit wir lernen, wie wir Erkenntnisse und Tatsachen von Meinungen und Wunschdenken unterscheiden können. Wir haben zwar das Recht, unsere Meinung frei zu äußern, aber Fakten sind keine Meinungen und können nicht frei interpretiert werden. Leider wird in der heutigen Zeit die Grenze zwischen Fakten und Meinungen besonders gerne verwischt, und die digitalen Medien erleichtern diesen Schritt.

Nachdem einige theoretische Grundlagen erklärt wurden, folgt im dritten Kapitel ihre Anwendung beim Kohlenstoffkreislauf. Hier zeigt sich, dass selbst komplexe natürliche Systeme mit wenigen Naturgesetzen schon relativ gut erklärt werden können.

Jetzt wird es noch spannender: Gott erlaubt uns nicht nur, seine Schöpfung zu verstehen, sondern gibt uns darüber hinaus auch die Fähigkeit, seine Naturgesetze so zu nutzen, dass sie unser Leben deutlich erleichtern und verschönern. Er geht sogar noch viel weiter: Er erlaubt es uns, unser eigenes Paradies nach unseren Vorstellungen auf der Erde zu schaffen, aber stets im Rahmen der Naturgesetze. Dazu schenkt er uns Ingenieure, Handwerker, Künstler und viele Berufe mehr.

Im vierten Kapitel des Buches werden einige bedeutende Entwicklungen vorgestellt, die die Naturgesetze nutzen und unser Leben beeinflussen.

Wir dürfen uns frei entfalten, uns weiterentwickeln und die Erde nach unseren Vorstellungen gestalten (untertan machen). Gott hat uns dafür seine Zustimmung gegeben. Wir erhalten somit die Chance, uns selbst und die Geheimnisse der Natur zu erkennen. Dennoch haben unsere Handlungen und unsere Kreationen fast immer auch negative Folgen für uns und unsere Umwelt. Aber wir sind auch in der Lage, diese positiven und negativen Folgen zu erkennen, damit wir verantwortungsvoll und vorausschauend handeln können: Naturwissenschaftler warnen uns vor den teils langfristigen und gravierenden Folgen unseres Handelns für die Natur und Umwelt. Ethiker und Theologen warnen uns vor den moralischen und ethischen Auswirkungen. Psychologen warnen uns vor den persönlichen Konsequenzen.

Im fünften Kapitel werden einige der negativen Auswirkungen auf die Natur näher erläutert.

Leider lassen sich die Folgen vorübergehend nicht verhindern, weil sie Teil unserer Weiterentwicklung sind, zu der auch die Erkenntnis gehört, dass etwas schief läuft. In dem wir diese Herausforderungen ernst nehmen und sie lösen, wachsen wir kontinuierlich weiter und öffnen uns immer neueren Bewusstseinsebenen, die uns wieder viele neue Möglichkeiten bieten. Man denke dabei nur an die Entdeckung des Stroms oder die Entwicklung von Computern und Smartphones und wie sie die Welt verändern. Aber wir müssen auch Verantwortung für uns und unser Handeln übernehmen. Denn wer die Ebene erreicht, wo er sein eigenes Paradies schaffen kann, kann noch leichter die Hölle schaffen.

Wenn wir unsere Erkenntnisse wirklich ernst nehmen und verantwortlich, vorausschauend und rücksichtsvoll handeln und bereit sind, unsere Meinungen und Ansichten zu ändern und an die Erkenntnisse anzupassen, dann sind wir auch in der Lage, ein Paradies für uns alle auf der Erde zu erschaffen. Dieser ganze Prozess lässt sich unter dem griechischen Begriff „Metanoia“ zusammenfassen.

Das sechste Kapitel des Buches beschäftigt sich mit ein paar Einblicken, welcher Weg uns zu einem irdischen Paradies führen kann, in dem alle glücklich und zufrieden sind und in dem wir im Einklang mit der Natur leben.

Michael Schurwanz

Inhalt

1. Fähigkeiten, die die Natur (Gott) uns Menschen schenkt

Als erstes möchte ich mich mit uns Menschen selbst befassen, weil wir, unsere Erkenntnisse und unser Handeln im Zentrum dieses Buches stehen. Wie kommt es, dass ausgerechnet wir Menschen unsere Umwelt so stark verändern können, wie es kein anderes Lebewesen kann?

Die Natur hat uns Menschen mit sehr vielen besonderen Fähigkeiten ausgestattet, die uns von allen anderen Tieren deutlich unterscheiden. Mit diesen überragenden Fähigkeiten können wir unsere Umgebung sehr genau analysieren und unser Umfeld nach unseren Vorstellungen gestalten. Es sind Eigenschaften, die uns mit Leichtigkeit die „Erde untertan" machen lassen. Deswegen werden sie jetzt etwas näher erläutert.

Die Natur schenkt uns die Möglichkeit, …

- unsere Umgebung wahrzunehmen:
  → unsere Sinnesorgane.
- mit präzisen und flexiblen Werkzeugen zu arbeiten:
  → unsere Hände.
- Verständnis zu entwickeln und strategisch zu planen:
  → unser Großhirn/unseren Verstand.
- zu kommunizieren und Ideen auszutauschen:
  → unsere Sprache.
- zu kooperieren und Aufgaben gemeinsam zu lösen:
  → Teamarbeit.

1.1 Unsere Sinnesorgane [22],[23]

Damit wir unsere Umwelt und Umgebung überhaupt verstehen und begreifen können, brauchen wir Informationen über sie. Deswegen sind alle Lebewesen mit Sinnesorganen ausgestattet, die für ihre Umwelt optimal ausgebildet sind. Sinnesorgane sind Detektoren für physikalische und chemische Informationen, die von unseren Sinnesorganen in entsprechende elektrische Reize umgewandelt und von unserem Gehirn analysiert werden. Erst das Gehirn verleiht den Informationen einen Sinn, indem es die Datenflut zusammenfasst, auswertet und logisch verknüpft.

Der Mensch ist von Natur aus mit den Sinnen Augen, Ohren, Haut, Nase, Zunge, Vestibularapparat (Gleichgewichtsorgan) und weiteren Sensoren im Körperinneren ausgestattet. Jeder dieser Sinne deckt einen anderen physikalischen oder chemischen Bereich ab.

Anmerkung: Sinne werden auch als Repräsentationssystem bezeichnet, weil sie einen Teil der Realität repräsentieren.

Dies sind aber nicht die einzigen Sinne, die in der Natur vorkommen. Tauben besitzen zum Beispiel Sensoren für magnetische Felder und Fische Sensoren für elektrische Felder. Es gibt aber auch Bereiche, für die es keine natürlichen Sinne gibt, wie z. B. Radioaktivität.

Sinnesorgan	Art der Information	Informationsaufnahme [Bit/s]
Augen	Lichtwellen (rot, grün, blau, Intensität)	10.000.000
Ohren	Schallwellen	1.000.000
Haut	Berührung, Druck, Temperatur	400.000
Nase	gasförmige (Geruchs-)moleküle	100.000
Zunge	Teil von chemischen Substanzen	1.000
Vestibularapparat	Balance und Orientierung im Raum	
Körperinnere	Aktivitätsmeldungen, Schmerzen, ...	1.000

Abbildung 1-1: Sinnesorgane des Menschen. Angaben in Bit/s sind Größenordnung [24]

Wir Mensch sind zudem in der Lage, künstliche Sinne zu entwickeln. Messinstrumente wandeln die für uns nicht wahrnehmbaren Daten in Informationen für unsere natürlichen Sinne um. Zum Beispiel wandeln Wärmebildkameras Infrarotstrahlung in farbige Bilder, Geigerzähler radioaktive Strahlung in Warntöne und Multimeter Ströme und Spannungen in Zahlen um.

Ohne unsere Sinne würden wir nichts über unsere Außenumgebung wissen und wir könnten sie auch nicht nach unseren Vorstellungen gestalten. Aber: Unsere Sinne erfassen niemals die tatsächliche Umgebung komplett. Sie nehmen immer nur sehr begrenzte Teilbereiche der realen Welt wahr. Zum Beispiel sehen wir vom gesamten elektromagnetischen Spektrum (Lichtspektrum) nur einen sehr kleinen Bereich des sichtbaren Lichts. Das hat auch Konsequenzen für unsere Vorstellung von der Welt.

1.2 Unsere Hände [22]

Als der Mensch den aufrechten Gang erlernte und ihn zunehmend als wichtigstes Fortbewegungsmittel etablierte, wurden seine „Vorderbeine“ frei für neue Aufgaben. Aus ihnen bildeten sich unsere Arme und vor allem unsere Hände, die ein wahres Wunderwerk sind, das seinesgleichen in der Natur sucht.

An jeder Hand kann der Daumen sowohl parallel als auch gegenüber zu den übrigen vier Fingern gestellt werden. Unsere Finger sind sehr beweglich und können unabhängig voneinander gesteuert werden. Sie sind zudem voll mit empfindlichen Drucksensoren. Dadurch werden unsere Hände zu äußerst präzisen und vielseitigen Werkzeugen. Besonders in der Stellung Daumen gegenüber der anderen vier Finger können wir greifen und festhalten. Mit den Fingernägeln werden aus unseren Zeigefingern und Daumen sehr genaue Pinzetten für filigrane Aufgaben. Unsere Handgelenke und Armgelenke führen unsere Hände dabei in jede erdenkliche Position. Damit sind unsere Hände die optimalen Werkzeuge zum Gestalten und Umsetzen aller unserer Ideen. Sie können bauen, malen, schreiben, bedienen, steuern und sogar kommunizieren (Zeichensprache). Ohne unsere Hände könnten wir nichts erschaffen. Kein Tier besitzt ein vergleichbares Werkzeug. Selbst Affen können ihre Hände nicht so vielseitig und präzise einsetzen wie wir.

1.3 Unser Großhirn/Verstand [23]

Mit den Fähigkeiten unserer Hände und unserer Sinne sind auch die Kapazitäten unseres Gehirns gewachsen. Das betrifft insbesondere unser Großhirn als Sitz unseres Verstandes. Hier wird gelernt, klassifiziert, geplant, konstruiert und bewertet. Unsere Sinnesorgane senden unserem Gehirn laufend Informationen über unsere Umwelt. Dieses bewertet die ankommenden Informationen mit seinen bisherigen Erfahrungen und Wertevorstellungen. Damit schafft unser Gehirn seine eigene Abbildung von unserer Umwelt, eine Art Landkarte. Durch unsere persönlichen Erfahrungen und Wertevorstellungen wird diese Landkarte individuell geprägt. Auf diese Weise entwickelt jeder von uns eine etwas andere Landkarte der gleichen Umwelt.

Aber unser Verstand kann noch mehr: Er kann Abläufe und Vorgänge anhand von Beobachtungen und Erfahrungen vorausberechnen und vorhersagen. Er entwickelt eine klare Vorstellung von der Vergangenheit, der Gegenwart und vor allem von der Zukunft. Fast alle Tiere leben dagegen nur in der Gegenwart, im Hier und Jetzt, und sind unfähig, langfristig zu planen.

Wir Menschen sind stets am Planen, wie wir unsere Umgebung und unser Umfeld gestalten können. Wir lassen unserer Kreativität dabei freien Lauf. Das Leitbild sind Zielvorstellungen, wie etwas sein wird, wenn wir es realisiert haben. Und die Erfüllung dieser Vorstellungen belohnt uns mit dem Gefühl der Macht, unsere Umwelt zu kontrollieren und zu beeinflussen.

Eine der bedeutendsten und verhängnisvollsten Erfolge auf unserem Entwicklungsweg war die Entdeckung und Beherrschung des Feuers. Diente es anfangs nur als Wärme- und Lichtquelle und zum Schutz vor gefährlichen Tieren, entdeckten wir Menschen schon bald, dass man damit hervorragend Nahrung zubereiten kann. Gekochte und gebratene Lebensmittel können sehr leicht von unserem Körper verwertet werden und erleichtern dadurch die Verdauung deutlich. Unser Körper benötigt somit wesentlich weniger Energie und Zeit für die Nahrungsbeschaffung und unser Gehirn hat viel mehr Zeit für die Erforschung unserer Umwelt und zum Planen.

Bis heute ist das Feuer unsere wichtigste Energiequelle geblieben. Nur hat unser Verstand allerlei Maschinen um das Feuer herum konstruiert, um seine Energie effizienter nutzen zu können: Dampfmaschinen, Autos, Kraftwerke, Heizungen, usw. Auf die Folgen kommen wir später zu sprechen.

1.4 Unsere Sprache [22],[23]

In unserem Leben lernen wir als Erstes unsere Sinne kennen und wie wir ihre Informationen interpretieren können. Außerdem entwickeln wir eine nonverbale Kommunikation mit unseren Eltern und anderen Personen (z. B. über Lachen, Zeigen, Lautäußerungen). In den nächsten Jahren lernen wir dann Wörter und Sprache kennen, die wir mit diesen Wahrnehmungen und der *nonverbalen* Kommunikation verknüpfen. Dabei werden die Geräusche, Laute und die Klänge jedes Wortes mit den Sinneswahrnehmungen (nonverbalen Repräsentationen) geankert/gekoppelt.

Zum Beispiel könnte das Wort „kalt“ mit dem Gefühl von Eis, der Farbe von Schnee und der Stille gekoppelt werden. Wenn wir dann „kalt“ hören, erinnern wir uns sofort an dieses Gefühl, die Far-

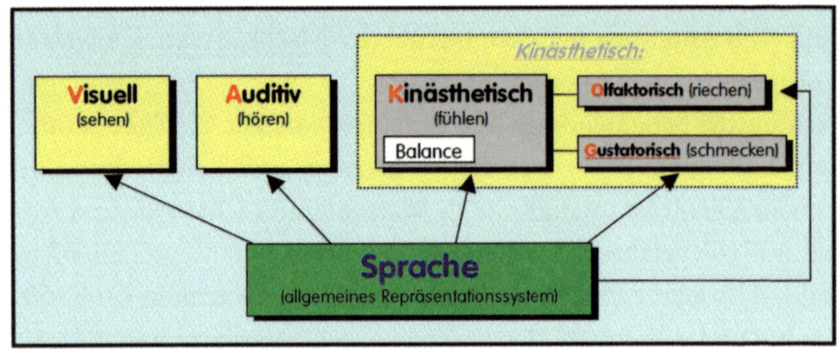

Abbildung 1-2: Sprache als allgemeines Repräsentationssystem

be und die Stille und wissen, was gemeint ist. In einem Wort können also mehrere Sinneswahrnehmungen gleichzeitig kodiert sein.

Weil Sprache alle anderen Repräsentationssysteme (Sehen, Hören, Fühlen, Riechen, Schmecken, …) kodiert und anspricht, wird Sprache auch als *allgemeines Repräsentationssystem* bezeichnet.

Sprache ist eine Aneinanderreihung von Ankern, die sich in Form von Wörtern präsentieren. Jedes Wort wiederum kann eine ungeheure Vielfalt sinnesspezifischer Informationen zusammenfassen. Das Wort „Baum" steht zum Beispiel für Stamm, Äste, Blätter, Früchte, Rinde, … Jedes dieser Wörter steht wiederum für eine Vielzahl anderer sinnesspezifischer Informationen, usw. Wenn wir wollen, können wir so den ganzen Baum nur durch das Hören des Wortes komplett in unseren Gedanken entstehen lassen (repräsentieren).

Bei der sprachlichen Kommunikation reduzieren wir also die vielfältigen sinnesspezifischen Informationen unserer Gedanken und Erfahrungen, die wir mitteilen wollen, auf die notwendigsten Elemente. Diese übermitteln wir dann kodiert in Form von Worten und Sätzen. Unsere Zuhörer empfangen diese Worte und dekodieren sie wieder. Dabei werden wiederum bei ihnen eine Vielzahl von sinnesspezifischen Informationen ausgelöst und Gedanken und Erfahrungen entstehen beim Zuhörer.

Sprache ist also eine radikale Verallgemeinerung von Informationen. Auf diese Weise wird Sprache zu einem sehr effizienten und schnellen Austauschmedium für Erfahrungen. Der Zuhörer kann so Erfahrungen (durch internes Erleben) sammeln, ohne diese Erfahrungen „wirklich" gemacht zu haben. Über die Sprache sind wir in der Lage, in die Gedankenwelt des anderen einzusteigen und können Gemeinsamkeiten und Unterschiede entdecken.

Weil wir zudem gelernt haben, die Sprache auch in Schrift festzuhalten, können wir unsere Ideen, Gedanken und Erfahrungen für alle Zeiten, für jeden Interessenten in Büchern festhalten. Bibliotheken und neuerdings Mediatheken sind daher von unschätzbarem Wert. Hier finden wir Lösungen und Lösungsansätze für nahezu jedes Problem, ohne dass wir selbst alles von vorne mühselig erarbeiten müssen. Das beschleunigt unsere Entwicklung und den Ausbau unserer Fähigkeiten ungemein, weil wir immer weiter auf bereits vorhandenes Wissen aufbauen können. Damit ist Sprache ein unglaublich mächtiges und geniales Werkzeug für unser Zusammenleben und für unsere Gesellschaft.

1.5 Teamarbeit [20],[21]

Im der Natur kann man Tiere unter anderem in folgende Gruppen unterteilen:

- **Einzelgänger:** Lebt allein. Kann frei entscheiden. Ist frei von Verpflichtungen. Muss alle Aufgaben und Herausforderungen des Lebens alleine schaffen. Erfolg und Überleben werden einzig durch sein Wissen, seine Fähigkeiten, seine Fitness und Glück bestimmt. Je schlauer und fähiger das Tier ist, desto höher sind seine Überlebenschancen. Beispieltiere sind Eichhörnchen, Katzen, Adler, Eisbären, …
- **Herdentier:** Lebt in Gruppen. Ist an die Herde gebunden und folgt dem Herdentrieb. Ein Leittier gibt die Richtung vor und jedes Tier hat seine vorgegebene Rolle. Die Herde bietet Schutz vor Gefahren. Dennoch muss jedes Tier seine Aufgaben weiter-

hin allein bewältigen. Es bleibt auf sich allein gestellt, kann sich aber bei Gefahr in der Gruppe „verstecken". Fitness und Glück bestimmen weitestgehend sein Überleben, sowie die Fähigkeiten und das Wissen des Leittiers. Der Vorteil gegenüber dem Einzelgänger ist, dass das Glück zu überleben wesentlich höher ist und nicht nur von der Intelligenz des einzelnen Tieres abhängt. Beispieltiere: Rehe, Kühe, Schafe, Pinguine, Hühner, Bienen, Heringe, ….

- **Teamplayer:** Auch hier leben die Tiere in Gruppen zusammen. Aber die Tiere übernehmen soziale Verantwortung für die anderen Gruppenmitglieder. Kranke und schwache Tiere werden gegen Fressfeinde geschützt und auch mitversorgt, wenn sie selbst nicht mehr dazu in der Lage sind. Im Gegenzug übernehmen sie leichte Aufgaben (z. B. Nachwuchs betreuen). Wissen und Fähigkeiten werden untereinander geteilt, so dass nicht nur die Schlauheit des Alphatiers über den Erfolg der Gruppe entscheidet. Die Rollen können sich auch ändern. Beispieltiere: Wölfe, Hunde, Delphine, Raben, Löwen, Elefanten, Affen, …

Die Einzelgänger unter den Tieren gehören häufig zu den am besten ausgestatteten Tieren. Man denke da zum Beispiel an Katzen: Ihr Hören, ihr Sehen, ihr Tastsinn (Pfoten, Schnurrhaare) sind hochausgebildete Sinne. Ihr Körperbau strotzt vor Kraft und Eleganz und sie können sich nahezu lautlos bewegen und dabei hohe Distanzen überwinden. Alles Eigenschaften eines sehr erfolgreichen Jägers.

Trotzdem sind Teamplayer den Einzelgängern weit überlegen, selbst wenn sie schlechter ausgestattet sind. Teamplayer arbeiten zusammen und gleichen dabei ihre Schwächen gegenseitig aus. Aufgaben werden nach den Fähigkeiten und Vorlieben der einzelnen Teammitglieder verteilt. Nicht jeder muss alles können, sondern jeder kann sich auf seine Teilaufgaben voll konzentrieren und darauf vertrauen, dass die anderen genauso ihre Teilaufgaben erfüllen. Selbst wenn man schwach oder alt ist, gibt es immer noch Teilaufgaben, die man erfüllen kann, um andere Teammitglieder zu entlasten, damit die sich auf die schweren Aufgaben konzentrieren können. Bei der Zusammenarbeit werden die Fähigkeiten und das Wissen von allen zusammengetragen, verteilt und dadurch deutlich verstärkt. Gemeinsam ist man stark. Wölfe gehören deswegen zu den erfolgreichsten Raubtieren überhaupt.

Wir Menschen gehören zu den Teamplayern. Die frühesten Menschen lebten schon in Gruppen zusammen, betrieben Aufgabenteilung und unterstützten sich gegenseitig. Von Kindheit an sind wir schon so angelegt, dass wir uns unserer Gemeinschaft anpassen und von ihr lernen. Die Bereitschaft zu helfen und mitzudenken steckt schon in unseren Anlagen. Teamarbeit ist einer der wichtigsten Faktoren für unseren sagenhaften Erfolg als Spezies.

1.6 Zusammenspiel der Eigenschaften

Wir Menschen kommen mit einer exzellenten Hardware auf die Welt: unser Körper mit seinen Sinnen, seinen Händen und seinem riesigen Rechenzentrum (unser Gehirn). Aber wir kommen quasi ohne Software auf die Welt. Wir können fast nichts und sind total auf die äußere Hilfe unserer Eltern angewiesen. Wir werden also als „unbeschriebenes Blatt“ geboren. Die Natur/Gott hat uns aber die großartige Fähigkeit mitgegeben, dass wir uns selbst programmieren können. In dem wir beobachten, spielen und lernen, programmieren wir uns selbst. Unsere Eltern, unsere Gesellschaft und unsere Umwelt prägen uns dabei. Deswegen sind wir unglaublich anpassungsfähig und kommen mit fast jeder Situation zurecht. Wir leben erfolgreich in der Wüste, im Urwald, im Hochgebirge, in Sumpfgebieten und in Polargebieten. Außerdem kommen wir mit sehr kargen und katastrophalen Verhältnissen zurecht.

Die Fähigkeit, dass wir uns selbst programmieren können, führt auch dazu, dass wir unsere individuellen Talente nach Belieben selbstständig trainieren und ausbauen können. Jeder von uns wird dadurch zu einer einmaligen Persönlichkeit, sofern er diese Chancen nutzt und auch nutzen kann. Häufig entwickeln sich so außergewöhnliche Menschen mit besonderen Fähigkeiten, wie zum Beispiel Albert Einstein, Charles Darwin, Johann Sebastian Bach, Mahatma Gandhi und viele mehr. Nicht alle werden so bekannt, aber sie alle bringen uns und unsere Gesellschaft in großen Schritten weiter voran.

Diese Erfolge sind auch eine Folge davon, dass wir Menschen „soziale Wesen" sind. Wir leben sehr gerne in Gemeinschaften und arbeiten sehr gerne mit anderen Menschen zusammen. Mit Hilfe unserer Sprache können wir uns untereinander sehr gut verständigen, uns austauschen und ein gemeinsames Verständnis entwickeln. Dabei ist unser Verstand von großer Bedeutung. Er erlaubt es uns, in die Gedankenwelt der anderen einzusteigen, sie zu verstehen und die aufkommenden Ideen zukunftsorientiert weiterzuentwickeln. Gerade im Team arbeiten wir sehr erfolgreich zusammen. Probleme und Fehler werden schneller entdeckt und behoben und die Kreativität wird verstärkt. Und alle Ideen können wir gemeinsam mit Hilfe unserer Hände realisieren.

Der Bau des Kölner Doms, der Flug zum Mond, die Entwicklung eines Computers, der Aufbau eines stabilen Stromnetzes und das Internet sind Paradebeispiele für das, was wir Menschen schaffen können, wenn wir zusammenarbeiten. Dies sollte uns allen Mut machen, dass wir auf jeden Fall in der Lage sind, alle unsere Probleme und Krisen zu lösen, wenn wir ein gemeinsames Verständnis von ihnen entwickelt haben und die gleichen Lösungen verfolgen bzw. die gleiche Zukunfts-Vision vor Augen haben.

1.6.1 Aufgepasst: Unsere individuelle Weltsicht ist nur ein Teilabbild der Realität

Die uns umgebene Realität ist äußerst komplex und vielseitig. Jede Sekunde prasseln auf uns viele Millionen Mal mehr Informationen

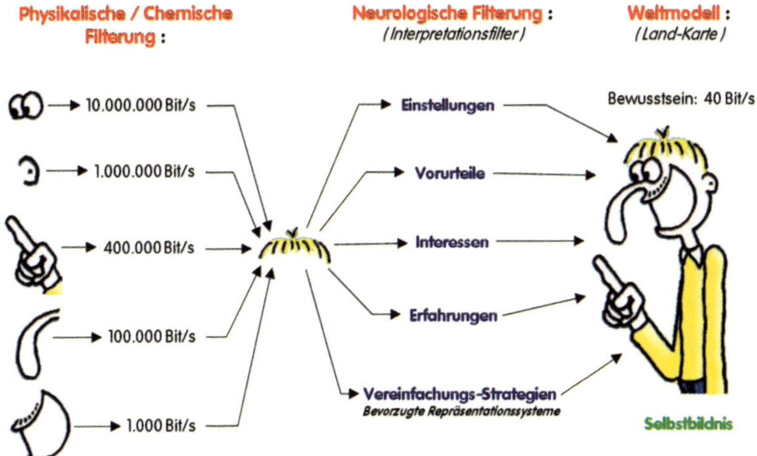

Abbildung 1-3: Informationsaufnahme und ihre Filterung/Selektion

ein, als wir verarbeiten können. Aus diesem Grund haben unser Körper und unser Gehirn Strategien entwickelt, wie sie diese Datenflut auf das *scheinbar* Wichtigste deutlich reduzieren können. Die Abbildung 1-3 gibt dazu einen Überblick.

Diese Informations-Filterung geschieht in folgenden Schritten:

- Unsere Informationsaufnahme ist auf wenige Sinne beschränkt (siehe Kapitel 1.1). So können wir vieles nicht wahrnehmen: magnetische und elektrische Felder, Radioaktivität, …
- Jeder Sinn nimmt nur einen Bruchteil der physikalischen und chemischen Informationen aus dem gesamten Spektrum war. Unsere Augen können z. B. kein Infrarot und kein Ultraviolett sehen.
- Die Datenübertragung der Informationen vom Sinnesorgan zum Gehirn ist begrenzt. Unsere Augen haben die beste Übertragung und in unserem Gehirn eine eigene Grafikkarte: das Sehzentrum.
- Unser Gehirn selbst selektiert und bewertet die wenigen ankommenden Informationen mit unseren individuellen Interpretationsfiltern, die durch unsere Erfahrungen und Glaubenssätze geprägt sind.

Auf diese Weise entsteht in jedem vom uns ein stark gefiltertes und reduziertes Abbild der Realität. Unsere Sinne und die Datenübertragung zum Gehirn reduzieren lediglich die Informationsflut. Aber unsere neurologischen Interpretationsfilter sorgen für eine individuelle Verzerrung der eingehenden Informationen. Jeder entwickelt so ein anderes Abbild von der ihn umgebenden Realität. Diese Interpretationsfilter sind sehr wichtig, weil sie uns helfen, Situationen schnell einzuschätzen und zu klassifizieren. Ohne sie gäbe es keine Routineaufgaben. Wir könnten nicht gleichzeitig Autofahren, den Verkehr im Auge behalten, das Gleichgewicht halten und uns noch unterhalten ohne etablierte Routinen.

Diese neurologischen Interpretationsfilter basieren auf Vorurteilen, die wir in der Vergangenheit gelernt und verinnerlicht haben. Jeder erinnert sich bestimmt noch an seine erste Fahrstunde. War das kompliziert: Kupplung, Bremse, Gaspedal, Schaltung, Steuer, Blinker, Abblendlicht, die Fahrzeugdimensionen und dazu noch die Schilder, die anderen unberechenbaren Verkehrsteilnehmer und der maulende Fahrlehrer. Und nach einigen Jahren Fahrpraxis fahren wir so routiniert, dass wir die Abläufe quasi im Schlaf beherrschen und auch tatsächlich einschlafen können. Durch Erfahrung und Praxis vorgebildete Urteile erlauben diese unterbewussten Routinen und das Bewusstsein ist frei für neue Aufgaben. Vorurteile sind somit eine wichtige Strategie für unser Leben/Überleben und nicht automatisch schlecht.

Weil diese Interpretationsfilter (Vorurteile) leider auch die Ursache für sehr viele Missverständnisse und viele gesellschaftliche Konflikte und Umweltprobleme sind, müssen wir sie besser kennenlernen und uns ihrer bewusst sein, um Konflikte und Probleme besser lösen zu können.

Beispiele für einige neurologische Interpretationsfilter

- Wir nehmen Argumente nicht rational auf, sondern merken uns tendenziell die Argumente, die für unsere eigene Position sprechen und/oder die gegnerische Position schwächen. Dagegen ignorieren wir Argumente, die gegen unsere Position sind und/ oder für die gegnerische Position sprechen. Das stärkt und stabilisiert unser Selbstbildnis.

- Wenn wir uns erst einmal eindeutig entschieden haben, nehmen wir vor allem die positiven Aspekte unserer Entscheidung wahr und bei Alternativen, die wir verworfen haben, sehen wir vor allem die negativen Eigenschaften.
- Weil wir ständig unser Verhalten vor uns selbst rechtfertigen müssen, kann es dabei zu Einstellungsänderungen kommen, die wiederum Einfluss auf zukünftige Entscheidungen haben: Verhalten wir uns in einer Situation unmoralisch (z. B. Abschreiben bei einer Klassenarbeit), so betrachten wir danach Betrügereien und Mogeleien im Allgemeinen nachsichtiger. Widerstehen wir hingegen der Versuchung, so entwickeln wir eine strengere Einstellung zum Betrügen.
- Wir sind oft nicht in der Lage, unsere Mitmenschen individuell zu beurteilen, weil es uns an Zeit und Informationen fehlt. Stattdessen stereotypisieren wir sie anhand ihrer sozialen Zugehörigkeit und ihres Aussehens.
- Die zuerst erhaltene Information über jemanden oder etwas sind für den Gesamteindruck tendenziell wichtiger als spätere Informationen. Sie erzeugt einen anfänglichen Eindruck, mit dem die nachfolgenden Informationen verglichen und relativiert werden. Die Reihenfolge der Informationen ist damit entscheidend und auf die haben wir leider kaum Einfluss.

2. Naturwissenschaftliche Grundlagen

Im vorangegangenen Kapitel haben wir erfahren, mit welchen Fähigkeiten Gott/die Natur uns Menschen ausgestattet hat. Diese Fähigkeiten sind ideal, um unsere Umwelt genau zu erforschen. Und Gott hat uns auch erlaubt, dies zu tun. Deswegen konnten wir bereits sehr viel über die Natur und ihre Gesetze herausfinden.

Kein anderes Lebewesen beobachtet so genau und zieht so tiefe Rückschlüsse wie wir Menschen. Wir erhalten so faszinierende und spannende Erkenntnisse, die eine wunderbare und überwältigend schöne Welt offenbaren. Und wir haben das Glück, dass wir in dieser Schöpfung nicht nur leben, sondern sie auch erkennen, bewundern und schätzen dürfen.

Anhand der Nachhaltigkeit lassen sich einige der wichtigsten naturwissenschaftlichen Erkenntnisse und Gesetze und ihr Zusammenspiel gut erläutern.

2.1 Nachhaltigkeit

Nachhaltigkeit ist vom Verb nachhalten abgeleitet worden, das als Synonym für „längere Zeit andauern“ oder „dauerhaft bleiben“ verwendet wird[1]. Ich halte etwas nach, damit es längere Zeit zur Verfügung steht.

Im Jahr 1987 einigte sich die von den Vereinten Nationen eingesetzte „Brundtland-Kommission“ für Umwelt und Entwicklung auf die folgende Auslegung:

> „Nachhaltig ist eine Entwicklung, die den Bedürfnissen der heutigen Generation entspricht, ohne die Möglichkeiten künftiger Generationen zu gefährden, ihre eigenen Bedürfnisse zu befriedigen und ihren Lebensstil zu wählen.“ [3]

Die Interpretation von Nachhaltigkeit ist im stetigen Wandel und ist nirgendwo eindeutig festgeschrieben. Jeder kann diesen Begriff nach seinen Vorstellungen auslegen. Deswegen ist es von sehr großer Bedeutung, dass wir verstehen, was die Natur unter Nachhaltigkeit versteht und welche Regeln sie dabei befolgt. Denn letztendlich entscheiden diese Regeln über unser aller Wohl auf unserer Erde.

2.1.1 Naturwissenschaftliche Grundlagen der Nachhaltigkeit

Wir brauchen nur vier grundsätzliche Regeln und Gesetze, um Nachhaltigkeit aus der Sicht der Natur zu verstehen. Alle weiteren Regeln sorgen nur für mehr Detailreichtum und Komplexität, tragen aber nicht mehr viel zum allgemeinen Verständnis bei.

Bei den vier wesentlichen Regeln und Gesetzen handelt es sich um:

- Alle Abläufe in der Natur sind Kreisläufe.
- Massenerhaltungssatz [Energieerhaltungssatz] (1. Hauptsatz Thermodynamik)
- Unordnungssatz [Entropiesatz] (2. Hauptsatz Thermodynamik)
- Die Regenerationszeit bestimmt die Gesamtgeschwindigkeit.

Letztendlich lässt sich Nachhaltigkeit in der Natur komplett auf Kreisläufe reduzieren. Die anderen drei Gesetze und Regeln definieren, warum es zu diesen Kreisläufen kommt und bestimmen die Geschwindigkeit dieser Kreisläufe. Kurz gesagt: Nachhaltigkeit bedeutet in der Natur **Kreisläufe**.

2.1.2 Kreisläufe

Alle Prozesse in der Natur laufen in Form von Kreisläufen ab. Die einzigen Ausnahmen bilden die atomaren Prozesse. Siehe dazu die Erläuterungen in Kapitel 2.1.2.6.

Um die wesentlichen naturwissenschaftlichen Prinzipien von Kreisläufen besser zu verstehen, werden sie an Hand des Wasserkreislaufs erklärt. In seiner einfachsten Form sieht er wie folgt aus:

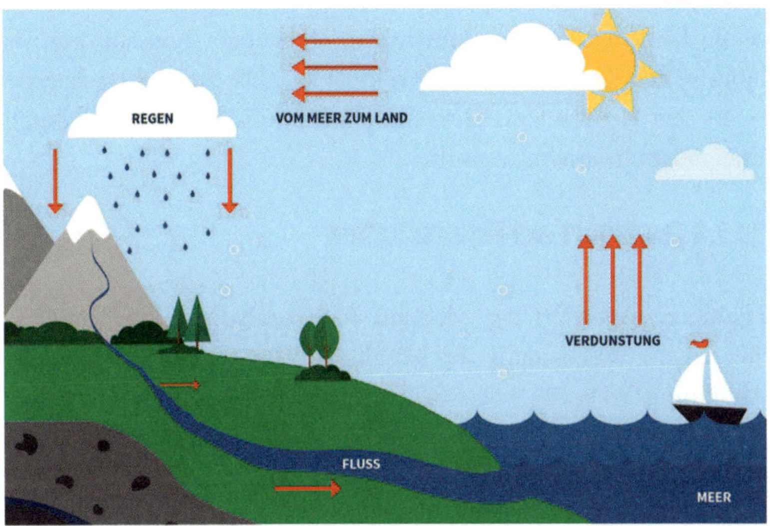

Abbildung 2-1: Einfacher Wasserkreislauf

2.1.2.1 Medium – Element – Material

Jeder Kreislauf benötigt mindestens ein Medium. Dieses Medium läuft dabei stets im Kreis und kann seinen Zustand und seine Form ändern. Beim Wasserkreislauf ist dieses Medium das Wasser (siehe Abbildung 2-1). Das Wasser ändert im Kreislauf stets seinen Aggregatzustand und ist entweder flüssig oder gasförmig als Wasserdampf. Im Winter ist es sogar fest in Form von Schnee und Eis. Wasser kann zudem jede Form annehmen und sich den örtlichen Gegebenheiten (z. B. einem Flussbett) anpassen.

2.1.2.2 Energiequelle

Jeder Kreislauf benötigt mindestens einen Antrieb, damit er überhaupt ablaufen kann. In der Natur steckt immer eine Energiequelle hinter dem Antrieb. Beim Wasserkreislauf ist es die Energie der Sonne, die das Wasser aufheizt und verdunsten lässt (siehe Abbildung 2-1). Das flüssige Wasser wird zu Wasserdampf und die Sonne heizt ihn weiter auf und lässt ihn aufsteigen. Ohne Energiequelle gibt es keinen Kreislauf. Deswegen kann man die Energiezufuhr als Startpunkt für jeden Kreislauf annehmen, obwohl ein Kreislauf normalerweise keinen Anfang und kein Ende hat. Die zugeführte Energie treibt den Kreislauf bis zum Ende an, bevor der Kreislauf durch Energiezufuhr erneut beginnt.

2.1.2.3 Transport von Eigenschaften

Häufig transportiert das Medium auch zusätzliche Eigenschaften auf seinem Weg entlang des Kreislaufs. Zum Beispiel (siehe auch Abbildung 2-1):

- **Energie:** Wenn Wasser verdunstet, nimmt es sehr viel Energie auf. Zuerst nimmt es Energie auf, um gasförmig zu werden (Wasserdampf). Danach benötigt der Wasserdampf Energie, um aufzusteigen. Beim Aufstieg erhöht sich seine potentielle Energie (Lageenergie). Kondensiert der Wasserdampf wieder zu flüssigem Wasser (Wolkenbildung), wird die zuvor gespeicherte Verdunstungs-Energie als Wärme vor Ort wieder frei. Die potentielle Energie wird als prasselnde Regentropfen, die aus den Wolken auf die Erde fallen, und als Fließgeschwindigkeit im Fluss vom Berg zum Meer wieder frei.
- **Substanzen:** Mit dem Medium können auch Substanzen transportiert werden. Flüssiges Wasser kann zum Beispiel sehr viele Substanzen auflösen und transportieren. Beim Verdampfen werden diese Substanzen wieder frei. Dazu gehören Salz,

Zucker, Kalk und CO_2 in Form von Kohlensäure. Wasser kann aber auch unlösliche Substanzen durch die Fließgeschwindigkeit im Fluss transportieren. Dazu gehören Steine, Sand, Zweige usw.

- **Medium:** Das Medium selbst ist oft eine wichtige Eigenschaft, die im Kreislauf transportiert wird. Pflanzen und Tiere brauchen zum Beispiel Wasser, um zu wachsen.

2.1.2.4 Geschlossener Kreislauf

Eine wesentliche Eigenschaft eines Kreislaufes ist, dass er geschlossen ist und nach einem Durchlauf die gleichen Bedingungen wieder vorliegen. Siehe dazu das Beispiel des Wasserkreislaufs in Abbildung 2-1:

Im Meer liegt das Wasser flüssig vor. Bei der Energiezufuhr durch die Sonne wird das Wasser verdampft und als Dampf zum Land transportiert. Dort kondensiert es zu Wolken, die dann abregnen. Anschließend fließt es als flüssiges Wasser im Fluss zurück zum Meer. An diesem prinzipiellen Ablauf ändert sich nichts.

Die Intensität des Mediums kann sich aber ändern. Bei sehr großer Hitze kann es zu starken Verdunstungen mit anschließenden heftigen Regenfällen kommen, die für Überflutungen entlang der Flüsse sorgen. Oder es verdunstet wenig Wasser. Dann gibt es kaum Regen und die Flüsse vertrocknen. Aber der Ablauf bleibt gleich.

Allgemein: Kein geschlossener Kreislauf → Polarität steigt

Wenn kein geschlossener Kreislauf vorliegt, handelt es sich nicht um einen Kreislauf, sondern um eine Einbahnstraße. Dann wird auf der einen Seite (meistens der Seite mit der Energiequelle) etwas entfernt und auf der anderen Seite angehäuft. Es kommt auf der einen Seite zu Defiziten und auf der anderen Seite zu Überangeboten. Die Polarität steigt dadurch. Irgendwann stoppt der Ablauf, weil die Gegensätze zu groß werden.

In der Natur: Kein geschlossener Kreislauf → Teile des Kreislaufs sind unbekannt

Da es in der Natur nur geschlossene Kreisläufe gibt, ist ein nicht-geschlossener Kreislauf ein Anzeichen dafür, dass das gesamte System noch nicht erfasst wurde, sondern nur ein Teil. Entweder sind die fehlenden Teile des Kreislaufes noch unbekannt oder sie werden aus bestimmten Gründen ignoriert. Ein Teil, den wir Menschen aus wirtschaftlichen Gründen sehr gerne ignorieren, sind zum Beispiel Umweltbelastungen.

Um die Nachhaltigkeit aus Sicht der Natur beurteilen zu können, müssen aber alle Teile bekannt sein und in die Bewertung einfließen. Alles andere wäre ein Selbstbetrug, weil die Folgen von Ignoranz oder Unkenntnis früher oder später zu großen Problemen führen werden. Häufig sind davon vor allem die nachfolgenden Generationen betroffen.

2.1.2.5 Sub-Kreisläufe

Natürlich kann der Hauptkreislauf auch aus vielen Subkreisläufen (Unterkreisläufen) bestehen. Im Beispiel mit dem einfachen Wasserkreislauf (Abbildung 2-1) kann das Wasser zum Beispiel als Schnee fallen und Gletscher bilden. Erst nach vielen Jahrhunderten kommt das Wasser als Fluss wieder zum Vorschein. Oder das Wasser versickert ins Grundwasser und verweilt dort einige tausend Jahre, bevor es in einen Fluss fließt. Siehe Abbildung 2-2. Alle diese Kreisläufe laufen parallel nach dem gleichen Schema ab wie beim einfachen Wasserkreislauf (Abbildung 2-1).

Ein Kreislauf kann sich auch etwas anders gestalten. Zum Beispiel im tropischen Regenwald (siehe Kapitel 3.1.3). Dort übernimmt der Urwald selbst den kompletten Wasserkreislauf von Verdunstung über Regen bis zum Sammeln in Seen und Flüssen. Alle bisher genannten Eigenschaften des kleinen Wasserkreislaufs sind auch hier vorhanden. Die Sonne ist die Energiequelle. Die Blätter der Bäume übernehmen die Verdunstung des Wassers. Es bilden

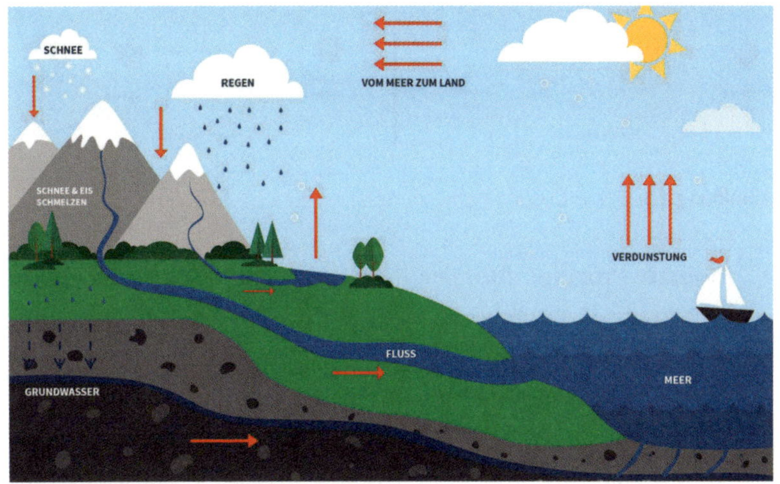

Abbildung 2-2: Wasserkreislauf mit einigen Subkreisläufen

sich Wolken, es regnet und das Wasser versickert überall im Boden oder sammelt sich in Seen und Flüssen, von wo aus es wieder in die Bäume gelangt. Der ganze Prozess findet dabei sehr lokal und fast nur vertikal ohne seitlichen Transport statt.

2.1.2.6 Chemische Prozesse versus Kernprozesse

Alle Prozesse der Natur lassen sich in folgende zwei Prozesse unterteilen:

- **Chemische Prozesse:** Hier finden Wechselwirkungen auf und mit der Elektronenhülle von Atomen und Molekülen statt. Atome bilden zum Beispiel Moleküle ($C + 2O \rightarrow CO_2$ oder $2H + O \rightarrow H_2O$) und die Moleküle können immer wieder beliebig umgebaut oder in ihre Einzelteile zerlegt werden. Es ist ein gigantisches Spiel mit wechselnden Atom-Kombinationen. Alle diese Prozesse sind reversibel, d. h. sie laufen alle in Kreisläufen ab, die durchaus sehr komplex werden können. Unser ganzer Alltag und alles, was wir wahrnehmen, wird durch chemische Prozesse beeinflusst.

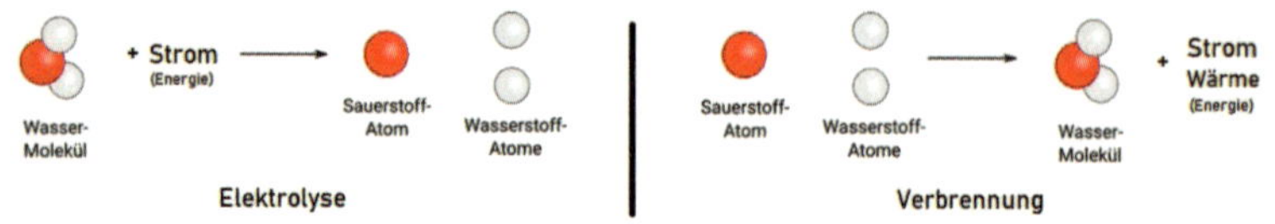

Abbildung 2-3: Elektrolyse und Verbrennung

- **Atomare Prozesse:** Atomare Prozesse finden hingegen im Atomkern statt. Dazu gehören die Kernspaltung und die Kernfusion. Bei der Kernspaltung wird der Atomkern in zwei oder mehr Atomkerne gespalten und bei der Kernfusion werden zwei Atomkerne zu einem vereinigt. In beiden Fällen entstehen neue Atome/Elemente. Diese Prozesse sind irreversibel, d. h. sie sind unumkehrbar und nicht für Kreisläufe geeignet. Ist der Brennstoff (zum Beispiel Uran oder Wasserstoff) einmal verbraucht, ist er unwiederbringlich verloren.

Anmerkungen: Innerhalb von Sternen entstehen alle Elemente (und deren Atome) durch die Kernfusion. Das geschieht bis zum Eisen (^{56}Fe) exotherm (unter Abgabe von Energie). Alle anderen Elemente vom Eisen aufwärts (z.B. Uran: ^{238}U) werden in massereichen Sternen an ihrem Lebensende bei einer Supernova (Sternexplosion) durch Kernfusion gebildet. Dieses geschieht dann aber endotherm (unter Aufnahme von Energie). Somit kann eine Supernova eine Kernspaltung wieder rückgängig machen. Aber diese gigantischen Kräfte stehen uns Menschen nicht zur Verfügung. Somit ist Kernspaltung für uns irreversibel.

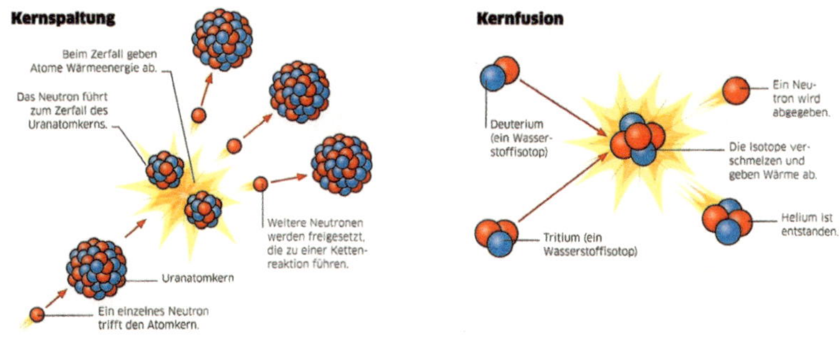

Abbildung 2-4: Kernspaltung und Kernfusion

2.1.3 Massenerhaltungssatz [Energieerhaltungssatz]

Alle Abläufe und Prozesse, die wir in unserem Alltag und in unserer Umwelt erfahren, basieren auf chemischen Reaktionen (siehe Kapitel 2.1.2.6). Bei diesen Reaktionen gilt stets der Massenerhaltungssatz:

Bei allen chemischen Reaktionen bleibt die Gesamtmasse der an der Reaktion beteiligten Stoffe erhalten. Die Gesamtmasse der Ausgangsstoffe (Edukte) ist gleich der Gesamtmasse der Reaktionsprodukte (Produkte). (Lomonossow-Lavoisier-Gesetz)

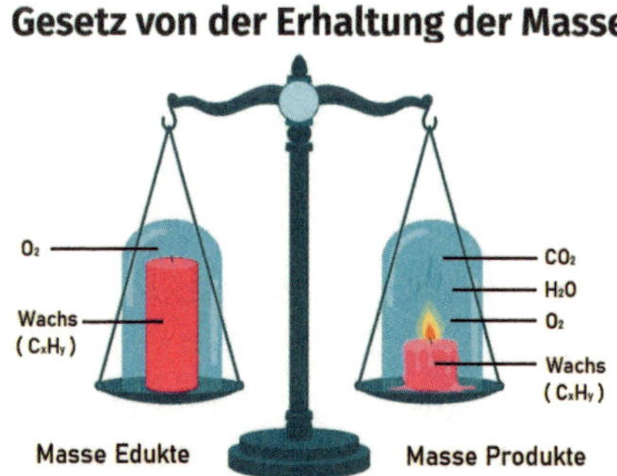

Abbildung 2-5: Massenerhaltungssatz

In Abbildung 2-5 ist das Gesetz symbolisch dargestellt: Eine Kerze verbrennt in einem abgeschlossenen Raum, der in der Abbildung durch eine Käseglocke symbolisiert ist. Dieser Raum enthält genügend Sauerstoff für die Verbrennung und die Kerze erlischt nicht vorher, wie es normalerweise unter einer Käseglocke der Fall wäre. Vor der Verbrennung besteht die Gesamtmasse der Edukte aus der Masse des Kerzenwachses (Kohlenwasserstoffe C_xH_Y) und der Masse des Sauerstoffs (O_2). Nach bzw. während der Verbrennung besteht die Gesamtmasse der Produkte aus der Restmasse des Kerzenwachses und des Sauerstoffs plus der Verbrennungsrückstände Kohlendioxid (CO_2) und Wasser (H_2O). Während des gesamten Verbrennungsprozesses bleibt die Gesamtmasse innerhalb der Käseglocke stets gleich.

Der Massenerhaltungssatz gehört zu den wichtigsten Gesetzen der Natur. Das Beispiel aus Abbildung 2-5 erlaubt es sogar, ihn noch etwas zu präzisieren:

Das Massenerhaltungsgesetz gilt für den gesamten Prozess und für jeden Teil des Prozesses.

Bezogen auf den Kreislauf von Kapitel 2.1.2 bedeutet dies, dass in jedem einzelnen Teilprozess des Kreislaufes die gesamte eintretende Masse diesen Prozess auch wieder verlässt. Die Masse nimmt in diesem Teilprozess weder zu noch ab. Der gesamte Wasserdampf, der in die Atmosphäre durch Verdunstung eindringt (siehe Abbildung 2-1), verlässt die Atmosphäre auch wieder als Regen. Alles Wasser, das in den Fluss gelangt, fließt am Ende des Teilprozesses auch ins Meer.

Neben der Gesamtmasse bleiben zusätzlich alle einzelnen Atome und Elemente erhalten.

Das bedeutet, dass alle Atome und damit alle Elemente während des gesamten Kreislaufs stets vollständig erhalten bleiben und nicht nur die Gesamtmasse. Das gilt aber nicht für Moleküle. Moleküle setzen sich aus Atomen der Elemente in definierter Anordnung zusammen. Diese Anordnung (Molekül) kann sich in jedem einzelnen Stadium des Kreislaufes ändern. Siehe zum Beispiel Abbildung 2-6.

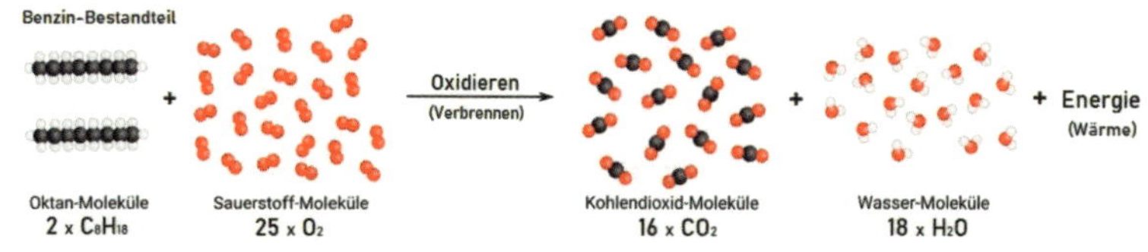

Abbildung 2-6: Erhaltung der Atome und Elemente

Beispiel für die Massenerhaltung: Pflanzenwachstum
Ein eindrucksvolles Beispiel für den Massenerhaltungssatz ist das Pflanzenwachstum vor allem von Bäumen. Jeder hat sich bestimmt schon mal folgende Frage gestellt: „Wie kann eine Pflanze bzw. ein Baum in einem viel zu kleinen Blumentopf oder auf einem kargen Mauervorsprung wachsen? Die Masse kann unmöglich aus dem bisschen Erde stammen." Die Masse scheint wie ein Wunder aus dem Nichts zu kommen.

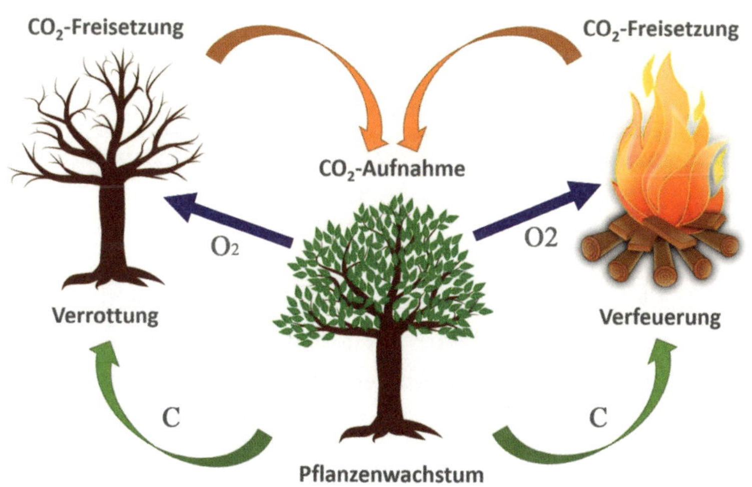

Abbildung 2-7: Pflanzenwachstum

Tatsächlich steckt das Geheimnis des Pflanzenwachstums in der Luft. Es ist das Kohlenstoffdioxid CO_2 in der Luft. Die Pflanze nimmt das Kohlenstoffdioxid CO_2 auf. Mit Hilfe des Sonnenlichts wird das CO_2 in Sauerstoff O_2 und Kohlenstoff C aufgespalten. Dieser Prozess heißt Photosynthese und geschieht innerhalb der Blätter. Der Kohlenstoff C wird anschließend in der Pflanze als Blatt oder Holz gespeichert. Dabei baut die Pflanze CO_2 ab, emittiert Sauerstoff O_2 und wächst durch die Aufnahme des Kohlenstoffs C.
In der nachfolgenden Grafik kann man dies sogar sehen:

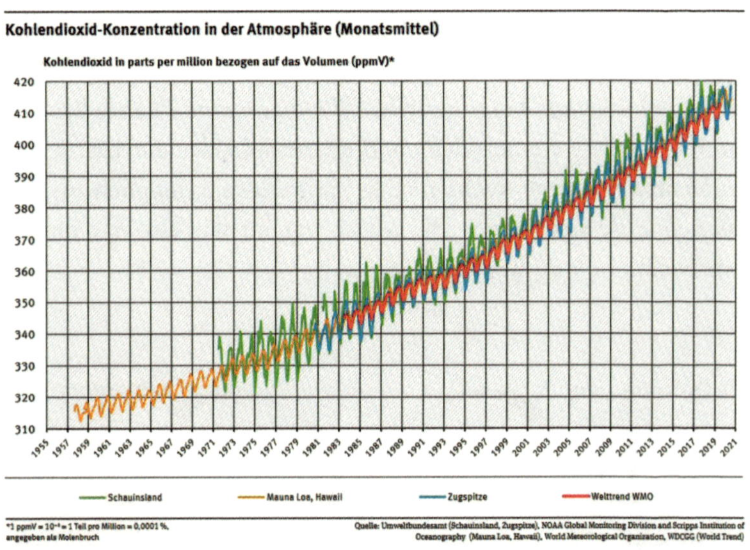

Abbildung 2-8: Kohlendioxid-Konzentration in der Atmosphäre

Die Grafik zeigt den weltweiten Anstieg der Kohlendioxid-Konzentration an vier exemplarischen Stellen im Laufe der letzten Jahrzehnte. Im Zusammenhang mit dem Pflanzenwachstum ist aber das Zickzackverhalten der Kurven interessant. Jeder einzelne Zickzack entspricht der Kohlendioxid-Konzentration im Laufe eines Jahres. Im Frühjahr fangen die Blätter von allen Pflanzen an zu wachsen. Die CO_2-Konzentration sinkt dann, weil der Kohlenstoff C zum Aufbau der Blätter benötigt wird. Im Herbst, wenn die Blätter zerfallen, wird dieser Kohlenstoff wieder als CO_2 frei. Die CO_2-Konzentration steigt somit im Herbst. Dabei dominieren die Jahreszeiten auf der Nordhalbkugel, weil sich hier die meisten Pflanzen befinden.

2.1.3.1 Energieerhaltungssatz

Wenn man die Massenbilanz bei den chemischen und atomaren Reaktionen (Kapitel 2.1.2.6) ganz genau untersucht, dann stellt man Folgendes fest: Die Gesamtmasse verringert sich bei der Molekülbildung und besonders bei der Kernspaltung und Kernfusion um einen winzigen Anteil. Zusätzlich tritt viel Wärme als Nebenprodukt auf. Da Wärme aber eine Energieform ist, muss es einen Zusammenhang zwischen Masse und Energie geben. Einstein hat diesen Zusammenhang in seiner berühmten Gleichung $E = mc^2$ dargestellt.

Abbildung 2-9: $E = mc^2$

Materie ist also nichts anderes als Energie, die als Masse in Form von Elementen und Atomen gespeichert ist. Und Masse speichert gewaltige Energiemengen, weil C mit ca. 300.000.000 m/s riesig ist.

Dieser Zusammenhang zwischen Energie und Masse führt uns weiter zu einem sehr bedeutenden Erhaltungssatz, der über dem Massenerhaltungssatz liegt, dem Energieerhaltungssatz:

Energie kann weder geschaffen noch vernichtet werden. Energie kann nur in andere Energieformen umgewandelt werden.

Der Energieerhaltungssatz ist in der Physik von großer Bedeutung und hat weitreichende Konsequenzen:

- In einem geschlossenen System bleibt die Gesamtenergie stets konstant.
- Unser gesamtes Universum ist ein geschlossenes System. Damit ist die Gesamtenergie in ihm seit dem Urknall bis zu seinem Ende festgelegt. Ein Perpetuum mobile ist so nicht möglich.
- Alle Energieprozesse basieren nur auf Umwandlungen von einer Energieform in eine andere Energieform oder andere Energieformen. Siehe folgende Abbildung als Beispiel:

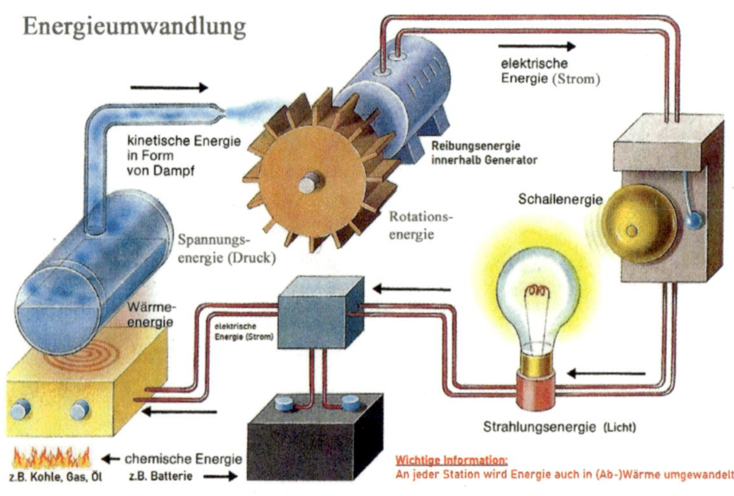

Abbildung 2-10: Energieumwandlungen

2.1.3.1.1 Energieformen, die in unserem Alltag wichtig sind

- **Potentielle Energie:** Je höher etwas liegt, desto mehr (potentielle) Energie hat es. Beim Fallen wird diese Energie wieder frei. Wasser entwickelt zum Beispiel gewaltige Kräfte, wenn es den Berg in Form von Lawinen, Muren oder als Fluss hinunter kommt. Potentielle Energie gehört zur Gravitationsenergie.

- **Kinetische Energie:** Energie, die in jeder Bewegung steckt. Potentielle Energie wird fast immer in Bewegungsenergie umgesetzt. Aber auch chemische Energie, wie zum Beispiel Benzin und Diesel, werden in unseren Autos in Bewegungsenergie und sehr viel Wärmeenergie umgesetzt.
- **Chemische Energie:** Hier zu gehören Öl, Gas, Kohle und Holz. Bei ihrer Verbrennung wird die chemische Energie größtenteils in Strahlungs- und Wärmeenergie umgesetzt. Aber auch Batterien gehören zu den chemischen Energien. In ihnen wird ein Bestandteil (z. B. Zink) zersetzt, wobei elektrische Energie als Strom frei wird.
- **Elektrische Energie:** Die für unsere Gesellschaft wichtigste Energieform überhaupt. Strom ist die edelste Energieform, weil er leicht transportiert werden kann und sich ohne Probleme in jede andere Energieform am Einsatzort umwandeln lässt.
- **Spannungsenergie:** Energie, die durch Druck gespeichert wird, zum Beispiel in einem Druckkessel. Oder Energie, die in einer gespannten Feder gespeichert ist, wie der Unruhe in einer klassischen (Armband-)Uhr.
- **Rotationsenergie:** Jedes rotierende System hat Energie in der Rotation gespeichert. Das bekannteste Beispiel ist das Schwungrad, das gerne zum Zwischenspeichern von Energien und zum Stabilisieren von Energieprozessen verwendet wird.
- **Oszillationsenergie:** Energie eines Pendels, einer Spirale oder einer Feder. Aber auch die Schwingung von Molekülen (z. B. CO_2) und Quarzen (Zeitgeber in Digitaluhren) gehören dazu.
- **Strahlungsenergie:** Dazu gehört vor allem das Licht der Sonne, das unser Leben bestimmt. Die Energie nimmt von Radiostrahlung über Infrarot, Ultraviolett, Röntgenstrahlung bis zur Gammastrahlung zu. Gammastrahlung ist die härteste Form der Strahlungsenergie und zählt zur radioaktiven Strahlung. Im Weltraum wird fast alle Energie in Form von Strahlungsenergie übertragen.

- **Kernenergie:** Energien, die im Zusammenhang mit den Atomkernen auftritt. Dazu gehören die Kernfusion und die Kernspaltung (siehe Kapitel 2.1.2.6).
- **Schallenergie:** Energie, die durch Schallwellen übertragen wird.
- **Reibungsenergie:** Energie, die zur Überwindung von Reibung aufgebracht werden muss. Bremsen ist die bekannteste Form der Reibungsenergie, bei der die kinetische Energie in Reibung umgesetzt wird, die am Ende als Wärmeenergie abgegeben wird.
- **Wärmeenergie**: Bei allen Energieumwandlungen wird immer ein Teil der Energie in Wärmeenergie umgewandelt. Weil wir die Wärmeenergie bei kleinen Temperaturdifferenzen technisch nicht mehr umwandeln/nutzen können, bezeichnen wir sie auch als „Verlust-Energie".

2.1.3.1.2 Zusammenhang zwischen Energieerhaltungssatz und Massenerhaltungssatz

In der Auflistung der Energieformen von Kapitel 2.1.3.1.1 fehlt die Masse als gespeicherte Energieform. Das liegt daran, dass in unserem Alltag eine Umwandlung von Masse in Energie und umgekehrt so winzig ist, dass sie kaum messbar ist. Die Energie der Masse bleibt bei allen alltäglichen Energieumformungen nahezu konstant. Weil aber E und c in $E = mc^2$ konstant sind, muss die Masse m auch konstant sein, also erhalten bleiben. Daraus folgt der Massenerhaltungssatz als Spezialfall des Energieerhaltungssatzes.

2.1.3.2 Kreisläufe in der Natur sind immer Energiekreisläufe

Alle Naturkreisläufe transportieren hauptsächlich Energie von einem Ort an einen anderen Ort. In den meisten Fällen geschieht die Energiezufuhr durch Sonnenlicht, das durch Kernfusion in der Sonne entsteht. Letztendlich wird die gesamte Energie über viele Umwandlungen komplett in Wärmeenergie transformiert, die dann von der Erde als Infrarotstrahlung wieder in den Weltraum abgegeben wird.

2.1.3.2.1 Wasserkreislauf als Energiekreislauf

Beim Wasserkreislauf Abbildung 2-1 und Abbildung 2-2 lässt das Sonnenlicht (**Strahlungsenergie**) das Wasser verdunsten und aufsteigen. Dabei erhöht sich seine **potentielle Energie** deutlich. Der Wind, der ebenfalls vom Sonnenlicht angetrieben wird, treibt den Wasserdampf über das Land, wo er kondensiert und abregnet. Dabei werden (Kondensations-)**Wärmeenergie** und vor allem **potentielle Energie** frei, die in kinetische Energie (Fallgeschwindigkeit) der Tropfen übergehen. Beim Auftreffen der Tropfen auf dem Boden kommt es dann zur Erosion. Das Gestein und der Boden verwittern unter der Kraft des auftreffenden Wassers. Verwittern heißt, dass das Gestein und der Boden zerbröseln und abgetragen werden. Dabei geht die gesamte Energie in **Reibungsenergie** und letztendlich in **Wärmeenergie** über. Fällt der Regen in den Bergen, so bleibt potentielle Energie vorhanden. Diese treibt den Fluss auf dem Weg zum Meer an (**kinetische Energie**). Im Fluss geht die Verwitterung weiter, weil er Steine, Sand, Schlamm und vieles mehr transportiert, das weiter zerrieben wird (**Reibungsenergie**), bis die gesamte Energie letztendlich in **Wärmeenergie** umgewandelt ist. Die **Wärmeenergie** wird am Ende in den Weltraum als Infrarotstrahlung (IR) abgestrahlt.

Im Gleichgewicht wird das komplette eingestrahlte Sonnenlicht als Infrarotstrahlung in den Weltraum zurück gestrahlt. Erreicht mehr Sonnenlicht die Erde, als von ihr in Form von Wärme abgestrahlt wird, steigt der Energieanteil auf der Erde und es wird wärmer (z. B. im Sommer). Kommt weniger Sonnenlicht auf der Erde an, als von ihr in Form von Wärme abgestrahlt wird, fallen die Temperaturen (z. B. im Winter).

2.1.3.2.2 Der Nahrungskreislauf dient dem Transport von Energie

Der Nahrungskreislauf (siehe Abbildung 3-1 und Kapitel 3.1.1) dient vor allem dem Transport von Energie. Das Sonnenlicht fällt dabei auf die Pflanze. Diese nimmt das umgebende CO_2 auf und spaltet es mit Hilfe der Sonnenenergie in Kohlenstoff C und Sauerstoff O_2. Der Sauerstoff wird als Abfallstoff in die Atmosphäre emittiert. Der Kohlenstoff hingegen wird in Glukose (Zucker) umgewandelt und in der Pflanze als organisches Material gespeichert.

Wenn wir die Pflanze essen, nehmen wir die Glukose (Zucker) der Pflanze auf und damit die gespeicherte Sonnenenergie. Wir verbrennen den enthaltenen Kohlenstoff C und den Wasserstoff H mit dem O_2 der Luft. Die dabei freiwerdende (Sonnen-)Energie treibt uns an. Als Verbrennungsrückstand entsteht CO_2, das dann der Pflanze wieder zur Verfügung steht. Die dabei entstandene Wärmeenergie wird in den Weltraum abgestrahlt.

2.1.4 Unordnungssatz [Entropiessatz]

Obwohl kaum einer diesen Satz kennt, kennt jeder von uns seine Wirkung seit Kindheit an. Doch kaum einer vermutet dahinter ein Naturgesetz. Er besagt Folgendes:

Jedes (geschlossene) System strebt die größtmögliche Unordnung an, die es maximal erreichen kann.
Die Entropie ist das physikalische Maß für die Unordnung.

Jeder von uns macht jeden Tag die Erfahrung, dass unsere Wohnungen scheinbar von ganz allein, ohne große Mühen, komplett in Unordnung geraten. Alles liegt durcheinander herum und ohne bewusstes Eingreifen nimmt die Unordnung sogar noch zu.

Abbildung 2-11: Unordnung im Alltag

Die Unordnung wird einerseits von uns verursacht, indem wir die Gegenstände und Teile einfach da liegen lassen, wo wir gerade sind und sie aktuell nicht brauchen. Andererseits versorgt uns die Natur mit Staub, der sich überall niederlegt. Das geschlossene System ist in diesem Fall unsere Wohnung.

Um die Unordnung zu beseitigen, müssen wir bewusst aufräumen. Alles wird sortiert und an den Platz zurückgebracht, wo wir die Gegenstände haben möchten. Zuvor wird der Staub abgewischt oder eingesaugt. Diese Tätigkeit ist sehr anstrengend, weil es Zeit und Energie kostet.

In diesen kurzen Sätzen stecken sehr viele naturwissenschaftliche Informationen, die nun erläutert werden.

2.1.4.1 Gleichmäßige Verteilung von Eigenschaften

Die Natur versucht, alle Eigenschaften eines Raums (eines geschlossenen Systems) völlig gleichmäßig über diesen Raum (als geschlossenes System) zu verteilen. Zu diesen Eigenschaften gehören:

- **Materie:** Atome, Moleküle, Substanzen, Gegenstände (z. B. Lego), Flüssigkeiten (z. B. Wasser), Gase

- **Zustände:** Temperatur, Feuchtigkeit, Druck, Helligkeit, Lautstärke, Klänge, Formen, …
- **Energien:** Alle Energieformen, wie sie z. B. in Kapitel 2.1.3.1.1 aufgeführt sind, insbesondere Wärme.

Die Natur verabscheut ein Vakuum jeder einzelnen Eigenschaft.

2.1.4.1.1 Gleichverteilung von Materie

Das folgende Beispiel zeigt das Verhalten der Materie (Gase, Flüssigkeiten, Lego, …) im Raum. Lego dient dabei als Vertreter für feste Materie.

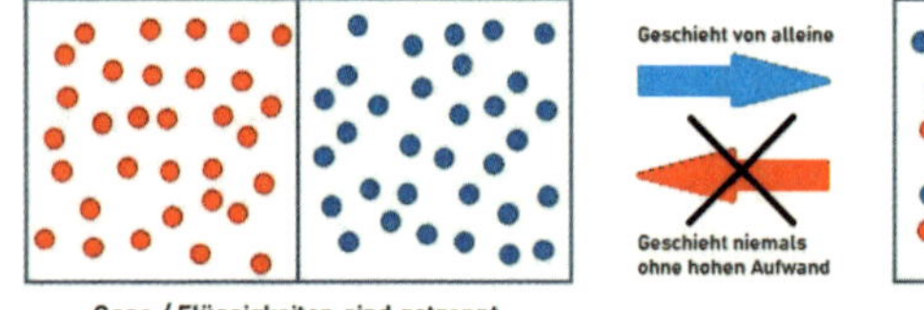

Abbildung 2-12: Gleichverteilung / Vermischung von Materie

Die Trennwand sorgt dafür, dass die Substanzen getrennt sind. Physikalisch existiert auf der einen Seite der Trennwand eine gleichförmige Verteilung der Substanz und auf der anderen Seite ein Vakuum (die Substanz fehlt dort). Sobald die Trennwand entfernt wird, füllt jede Substanz das vorherige Vakuum mit auf, bis sie komplett über den ganzen Raum gleichmäßig verteilt ist.

Da wir in Abbildung 2-12 aber zwei unterschiedliche Substanzen haben, die vorher getrennt sind, vermischen sie sich völlig gleichmäßig im Raum, nachdem die Trennwand entfernt wurde. Es entsteht ein homogenes (gleichmäßiges) Stoffgemisch.

Mit Lego, als Vertreter für feste Materie, passiert das Gleiche, wenn man die sortierten Kisten in einem Raum auskippt.

Gäbe es in Abbildung 2-12 nur eine Substanz, könnte sie mit etwas Energieaufwand wieder zurück in ihren ursprünglichen Raum gepresst werden.

Für Legosteine gilt das Gleiche: Gäbe es nur eine Sorte und Farbe von Legosteinen, die gleichmäßig im Raum verteilt sind, bräuchten wir nur einen Feger. Dann könnten wir das Lego schnell zusammenfegen und in eine Kiste packen.

Da es sich aber in Abbildung 2-12 um ein Stoffgemisch handelt, lässt sich dieses nur mit einem sehr hohen Energie- und Zeitaufwand trennen und in seine ursprünglichen Räume zurückpressen.

Für Lego gilt das Gleiche: Wären alle möglichen Sorten und Farben von Legosteinen im Raum gleichmäßig verteilt, müssten diese zuerst nach Farben und Formen sortiert werden, bevor sie in Kisten verpackt werden. Das ist anstrengend und jeder scheut diesen Energie-Aufwand. Deswegen verpacken die meisten Menschen die Steine alle unsortiert in die Kisten und sparen sich scheinbar den Energie-Aufwand. Aber der Energie-Aufwand kommt spätestens mit der Suche nach bestimmten Legosteinen, wenn das Modell wieder aufgebaut wird. Häufig ist dieser Aufwand noch zeit- und energieintensiver.

Anmerkungen: Staub ist ein völliges Durcheinander von festen und unterschiedlichen Stoffen. Ein ähnliches Gemisch in flüssiger Form bezeichnen wir umgangssprachlich als „Brühe“. Eine solche Brühe kommt zum Beispiel in unseren Klärwerken an. Dort wird sie unter hohem Energie- und Zeit-Aufwand wieder in ihre Bestandteile getrennt und gereinigt.

2.1.4.1.2 Gleichverteilung von Zuständen

Zustände lassen sich fast immer auf Materie oder Energien zurückführen. Feuchtigkeit ist zum Beispiel die Wasserdampf(-Molekül)-Verteilung im Raum. Temperatur gehört zur Wärmeenergie, Druck und Lautstärke zur Spannungsenergie, Helligkeit zur Strahlungsenergie (siehe Kapitel 2.1.3.1.1).

Aus verschiedenen Klängen wird bei Gleichverteilung ein Rauschen. Aus Formen werden abgerundete Objekte. Zum Beispiel werden aus kantigen Steine im Meer abgerundete Kieselsteine und am Ende runde Sandkörner. Die Gleichverteilung sorgt stets für eine Vereinheitlichung.

2.1.4.1.3 Gleichverteilung von Energie

Die Natur versucht, alle Energien in einem Raum (geschlossenes System) gleichmäßig über diesen zu verteilen. Betrachten wir folgende Beispiele (Energiearten siehe Kapitel 2.1.3.1.1):

- **Potentielle Energie:** In der Natur wird es niemals vorkommen, dass sich auf einem Teich irgendwo spontan, ohne fremdes Einwirken, ein Wasserberg und woanders ein Wassertal bildet. Der Wasserstand des Teiches wird immer und überall die gleiche Höhe haben. Wirft man einen Stein hinein, bringt man zusätzliche Energie in den See und es gibt Wellenberge und Täler. Aber diese werden kleiner, je weiter sie vom Ort des Einwerfens entfernt sind. Aus vielen Wellen wird ein gleichmäßiges Rauschen um den mittleren Wasserstand, der durch den Stein erhöht ist.
- **Kinetische Energie:** In einem ungehinderten Strom (Fluss, Wind, …) ergibt sich immer eine gleichmäßige Geschwindigkeit. Dieses kann man auf einem großen Fluss sehr schön sehen. Fließt er ungehindert, gibt es keine Stellen, die wesentlich schneller strömen als andere Stellen. Weil das Ufer und das Flussbett aber ein Hindernis für den Strom bilden, nimmt die Strömungsgeschwindigkeit zu ihnen ab. Die Energie verteilt sich hier auf kinetische Energie und Reibungsenergie. Reibung bildet dabei u. a. Wirbel, die wiederum die Reibungsenergie gleichmäßig verteilen und die kinetische Energie senken.
- **Schallenergie:** Aus einem lauten Knall, z. B. bei einem Blitzeinschlag, wird mit zunehmender Entfernung ein langgezogenes

Donnergrollen. Auch ein Echo in den Bergen, das durch Schallwellenreflektion entsteht, wird immer leiser, je mehr es sich ausbreitet. Der Schall verteilt sich gleichmäßig und wird dabei schwächer.

- **Strahlungsenergie:** Strahlung, wie zum Beispiel Licht, verteilt sich durch Reflektion, Streuung, Absorption und Transmission gleichmäßig im Raum. Der wolkenlose Himmel leuchtet fast gleichmäßig blau. Er ändert seine Farbe nur gering mit dem Abstand vom Horizont.
- **Wärmeenergie:** Die Wärme breitet sich gleichmäßig im Raum aus, wenn keine Wärmequelle oder Kältebrücke vorhanden sind. Ansonsten gibt es ein Wärmegefälle von der Wärmequelle weg. Dabei setzt sich Wärme aus Konvektionswärme (z. B. bewegte Wärme eines Heizkörpers) und Wärmestrahlung (z. B. Infrarotstrahlung, wie man sie beim Feuer schätzt).

Anmerkungen:

Wärmeenergie besitzt von allen Energieformen die höchste Unordnung und damit die höchste Entropie. Wie schon in Abbildung 2-10: Energieumwandlungen erwähnt, fällt bei jeder Energieumwandlung auch Wärmeenergie an. Siehe auch die Angaben zur Wärmeenergie in Kapitel 2.1.3.1.1. Das bedeutet, dass letztendlich nach unzähligen Energieumwandlungen nur noch Wärmeenergie übrig bleibt, die sich gleichmäßig im Raum (geschlossenes System) verteilt.

Mit anderen Worten: Die Natur strebt danach, alle Energieformen in Wärmeenergie umzuwandeln und diese gleichmäßig im Raum zu verteilen.

Da das Weltall überwiegend aus Vakuum besteht, hat konvektive Wärmeenergie dort kaum eine Bedeutung. Damit ist Wärmestrahlung (z. B. Infrarotstrahlung) die von der Natur angestrebte Energieform.

Nach Albert Einsteins $E = mc^2$ (siehe Abbildung 2-9) ist selbst Materie nichts anders als Energie. Aus diesem Grund *kann* auch Materie in Wärmestrahlung übergehen.

2.1.4.2 Bedeutung der Unordnung [Entropie] für die Natur

Da die Natur immer die größtmögliche Unordnung anstrebt, deren Maß die Entropie ist, gibt die Unordnung [Entropie] allen Abläufen in der Natur eine Richtung vor. Die Entropie bzw. Unordnung darf niemals kleiner werden. Sie muss bei allen Vorgängen stetig wachsen. Die bedeutendste Konsequenz hieraus ist, dass die Zeit nur vorwärtslaufen kann, denn ein Rückwärtslaufen der Zeit wäre mit einer Senkung der Entropie verbunden, weil vorher insgesamt weniger Entropie da war.

Aber wieso können wir dann die Unordnung in unseren Wohnungen beseitigen? Beim Aufräumen wird doch die Unordnung bzw. Entropie deutlich verkleinert. Das liegt vor allem daran, dass unsere Wohnung als geschlossenes System nicht reicht, sondern vielmehr dazu gehört (siehe Abbildung 4-3 im Kapitel 4.2.2.1).

Wir bekommen Energie in Form von Strom für den Staubsauger von außerhalb der Wohnung geliefert. Wir selbst benötigen für die Beseitigung des Chaos zu Hause sehr viel Energie und Zeit. Dabei ordnen wir das Durcheinander in unserer Wohnung und senken dort zwar die Entropie. Aber im Kraftwerk (Abbildung 4-3) entsteht bei der Stromerzeugung, richtigerweise müsste es „Umwandlung in elektrische Energie" heißen, zusätzlich sehr viel Wärmeenergie. Und selbst der Staubsauger wandelt die elektrische Energie am Ende in Wärme um. Auch uns wird beim Aufräumen warm und wir geben auch Energie in Form von Wärme an die Umgebung ab, die wir zuvor mit Essen aufgenommen haben.

Die Entropieerhöhungen durch die Abwärme an all diesen Orten sind wesentlich höher als die Entropiesenkungen durch das Aufräumen in unserer Wohnung. Insgesamt steigt die Unordnung [Entropie] im Gesamtsystem an. Natürlich bedeutet dies auch, dass Aufräumen in unserer näheren Umgebung an anderer Stelle mehr Unordnung verursacht.

Der Unordnungssatz [Entropiesatz] sorgt in der physischen Welt dafür, dass das gesamte Leben angetrieben wird. Die Sonne liefert

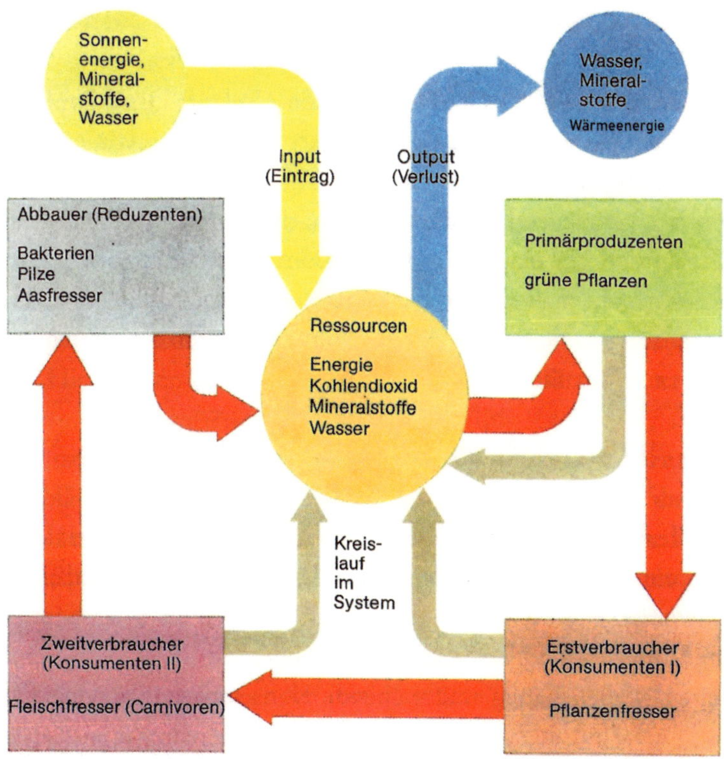

Abbildung 2-13: Kreislauf des Lebens

sehr viel Energie, Materie liegt in Form von Mineralien und Wasser vor. Grüne Pflanzen wandeln die Lichtenergie in chemische Energie (Kohlenhydrate) um und konzentrieren sie und die Mineralien auf. Dabei geben sie Energie und O_2 ab (beiger Pfeil). Pflanzenfresser übernehmen die Ressourcen der Pflanzen und geben selbst Energie und CO_2 + Mineralien ab. Fleischfresser machen das Gleiche mit den Pflanzenfressern. Am Ende sterben alle und bei ihrem Zerfall wird die Materie wieder frei und die Sonnenenergie wird als Strahlungswärme in den Weltraum zurückgegeben.

2.1.5 Geschwindigkeit von Kreisläufen

Jeder Kreislauf benötigt Zeit für einen Umlauf. Diese Umlaufzeit hat einen großen Einfluss auf die Art und Weise, wie ein Kreislauf stattfindet. Aber nicht nur die Umlaufzeit ist von Bedeutung, sondern gerade die Durchlaufzeit bzw. die Durchlauf-Geschwindigkeit an den einzelnen Punkten/Stationen des Kreislaufs bestimmt den Kreislauf maßgeblich. Deswegen lohnt es sich, einen genaueren Blick auf den zeitlichen Aspekt von Kreisläufen zu werfen, auch wenn es etwas theoretisch ist.

2.1.5.1 Differentielle Durchlaufgeschwindigkeit

Im Idealfall läuft ein Kreislauf an allen Stellen gleichschnell ab: Ein Tag, ein Jahr, eine Radumdrehung, … Im Normalfall sind die Geschwindigkeiten an den verschiedenen Stationen eines Kreislaufs aber unterschiedlich. Diese „differenziellen Durchlaufgeschwindigkeiten" haben häufig weitreichende Konsequenzen für den Kreislauf. Viele unserer heutigen Probleme kann man auf sie zurückführen. An Hand von Wasser, das durch einen See oder ein Gefäß fließt, können wir wichtigsten Konsequenzen leichter verstehen (siehe Abbildung 2-14).

Durch ein Gefäß fließt Wasser. Dabei repräsentiert das Gefäß symbolisch einen kleinen Ausschnitt aus irgendeinem Kreislauf. Zum Beispiel kann das Gefäß einem (Stau-)See im Wasserkreislauf

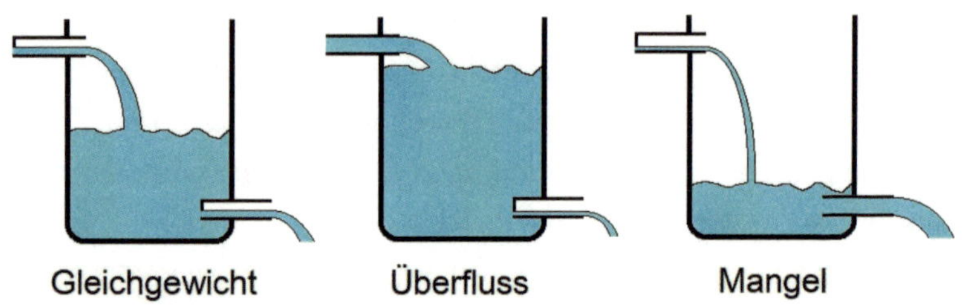

Abbildung 2-14: Konsequenzen differentieller Durchlaufgeschwindigkeiten

entsprechen oder einem Erdöl- oder Kohlelager in der Erde. Beim Durchfluss treten nun folgende Möglichkeiten auf:

- **Gleichgewicht:** In jedem Zeitintervall fließt genauso viel Wasser in das Gefäß, wie unten wieder herausfließt. Der Wasserstand im Gefäß ändert sich nicht und bleibt stets gleich hoch. Dieser Fall ist kaum mit Problemen verbunden. Es herrscht ein Gleichgewicht und Extreme sind nicht zu erwarten. Im Gleichgewicht darf es auch mal kurzfristig zu einem Überfluss und zu einem Mangel kommen, wenn diese zeitnah wieder ausgeglichen werden.

- **Überfluss:** Es fließt viel mehr Wasser in das Gefäß, als ausfließen kann. Der Wasserpegel steigt im Gefäß langsam an. Wird das Medium benötigt (z. B. Getreide, Trinkwasser, Öl, ...), ist das ein guter Zustand, weil sich so eine Reserve aufbaut. Ist das Medium aber schädlich, führt der Anstieg früher oder später zu Problemen (z. B. CO_2–Anstieg, Nitrate im Wasser, Mikroplastik, ...). Egal ob gut oder schlecht: Es wird dann besonders gefährlich, wenn der Füllgrad die Lagerkapazitäten (z. B. Gefäßwände) überschreitet. Dann ist ein Kipppunkt erreicht und das Medium (z. B. Wasser) strömt über und sucht sich neue Wege. Der Kreislauf wird unterbrochen und ein neuer Kreislauf mit anderen Verhältnissen wird sich etablieren.

- **Mangel:** Es fließt viel weniger Wasser in das Gefäß als ausfließt oder gefördert wird. Der Wasserpegel im Gefäß sinkt unaufhörlich. Wird das Medium benötigt, ist das sehr schlecht, weil wir so eine Reserve verlieren und ein Mangel eintreten kann (z. B. Wassermangel, Getreidemangel, Ölmangel, ...). Ist das Medium aber schädlich, ist dies ein Glücksfall (z. B. der CO_2-Gehalt, Nitrate, Mikroplastik sinken). Mangel ist die größte Gefahr für unsere Zivilisation, weil wir überall in der Natur mehr Ressourcen entnehmen, als die Natur im gleichen Zeitraum regenerieren kann (z. B. Trinkwasser, fossile Brennstoffe, ...). Besonders gefährlich wird es, wenn das Medium komplett ausgelaufen ist und die Reserve restlos aufgebraucht ist. Dann ist ein Kipppunkt erreicht. Ist der nachfolgende Teil des Kreislaufes auf dieses Medium angewiesen, muss er zwangsläufig enden. Bei extremem Mangel wird der Kreislauf unterbrochen und ein neuer Kreislauf mit anderen Verhältnissen wird sich einstellen.

Alle Kreisläufe der Natur befinden sich im Gleichgewicht. Nur gelegentlich gerät ein Teil des Kreislaufs in Überschuss oder in Mangel. Betrachten wir den Wasserkreislauf aus Abbildung 2-2. Nach einem Starkregenereignis steigen die Wasserpegel des Flusses und des Sees kurzfristig an und es kommt zum Hochwasser. Bei längerer Trockenheit fallen der Flusspegel und der Pegel des Sees. Es kommt zur Wasserknappheit. Allerdings werden diese Ereignisse normalerweise schon bald wieder ausgeglichen, so dass es nicht zu extremem Überschuss oder Mangel kommt.

2.1.5.2 Kipppunkt: Point of no return

Kommt es aber zu einem extremen oder längerfristigen Überschuss oder Mangel, kann ein Kipppunkt erreicht werden. Ein Kipppunkt ist ein Punkt, ab dem es kein Zurück mehr gibt: „Point of no return“. Ab da wird ein Kreislauf so massiv gestört, dass er seinen Ablauf ändern muss. Der vorherige Kreislauf ist dann Vergangenheit und kommt so einfach nicht wieder zurück. Am besten versteht man einen Kipppunkt mit dem Bild eines Glases, das auf dem Tisch verschoben wird. Außer einer Positionsänderung des Glases passiert nichts und man kann das Glas jederzeit wieder zurückschieben und alles ist wie vorher (**Reversibler** Zustand).

Schiebt man das Glas aber über die Tischkante, erreicht es einen Kipppunkt: Es kippt, fällt herunter und zerbricht schlimmstenfalls und der Inhalt fließt aus. Dieser Zustand kann nur mit sehr großem Aufwand rückgängig gemacht werden, wenn er nicht unumkehrbar ist (**Irreversibler** Zustand). Folgende Situationen sind nach dem Fall des Glases möglich:

- Fall 1: Das Glas ist heil geblieben und der Inhalt noch drin: Dann kann das Glas mit erhöhtem Energieaufwand wieder nach oben gehoben werden, um den vorherigen Zustand zu erreichen. Da haben wir dann nochmal Glück gehabt.
- Fall 2: Das Glas ist heil geblieben und der Inhalt ausgelaufen. Das Aufheben des Glases hilft hier nicht mehr. Der Boden muss gereinigt und das Glas neu gefüllt werden. War der Inhalt des Glases für den Boden schädlich, muss dieser vielleicht repariert oder speziell gereinigt werden. Hier ist schon wesentlich mehr Energie und Aufwand nötig, um den vorherigen Zustand wieder zu erreichen.
- Fall 3: Zerbricht das Glas aber, dann läuft nicht nur der Inhalt aus, sondern der Zustand kann nicht mehr so leicht in den vorherigen Zustand zurückgeführt werden. Ein eventueller Schaden durch den Inhalt des Glases und die Scherben (Verletzungen) müssen beseitigt werden. Das Glas muss durch ein neues Glas ersetzt werden, das vorher hergestellt und gekauft werden muss. Das kostet sehr viel Zeit und viel Energie.

Mit Kipppunkten sind immer drastische Veränderungen im Leben verbunden. Wie man schon am Beispiel mit dem Glas erkennt: Man kann nicht vorhersagen, was beim Überschreiten eines Kipppunktes genau passieren wird. Die Abläufe während des Umkippens sind dafür zu komplex und werden durch viele Zufälle bestimmt. Aber wir können schon mögliche Szenarien vorhersagen.

Trotzdem: Wenn man nicht gerade Abenteuer mit unbekanntem Ausgang liebt, sollte man alles dafür tun, um Kipppunkte zu vermeiden. Das 1,5°C Ziel des Pariser Abkommens von 2015 hat genau dies zum Ziel.

2.1.5.3 Die längste Regenerationszeit dominiert die Gesamtgeschwindigkeit

Wie schon in Kapitel 2.1.5.1 erwähnt, lässt sich ein Kreislauf immer in viele Teilabschnitte unterteilen. Jeder Teilabschnitt benötigt für seinen Durchlauf eine bestimmte Zeit. In dieser Zeit wird der Ausgangszustand für den nächsten Teilabschnitt (wieder-)hergestellt. Dies kann als eine Regeneration betrachtet werden und deswegen kann die Zeit als „**Regenerationszeit**" bezeichnet werden.

Das Besondere an Kreisläufen mit einem Medium ist, dass alle Abschnitte gleichzeitig/parallel ablaufen. Beim Wasserkreislauf verdunstet an der einen Stelle Wasser, während es an einer anderen Stelle gleichzeitig regnet und wieder woanders Wasser im Fluss zurück zum Meer fließt (siehe Abbildung 2-1). Entscheidend für die Gesamtdurchlaufzeit ist aber nur der Teilabschnitt mit der längsten Regenerationszeit. Der langsamste Teil regelt die Gesamtgeschwindigkeit des Kreislaufs und bestimmt somit die dominierende Regenerationszeit.

Wenn wir zum Beispiel im Jahr mehr Holz aus dem Wald ernten als im selben Wald nachwächst, dann gibt es irgendwann kein Holz mehr und uns fehlt der Rohstoff. In diesem Fall bestimmt das Baumwachstum die Gesamtgeschwindigkeit. Wächst aber mehr Holz im Wald als wir brauchen, sind wir der Engpass und der Wald wächst dicht und üppig. Für uns ist diese Situation deutlich angenehmer, weil wir dann mehr als genug Holz haben.

2.1.5.4 Wirkungsdauer und Reaktionszeit

Die Begriffsbildung ist alles andere als trivial. Die Regenerationszeit kann man auch als Wirkungsdauer oder Reaktionszeit bezeichnen. Das hängt ganz vom Standpunkt der Betrachtung ab:

- **Regenerationszeit**: Zeit, die ein Teilsystem benötigt, um den nächsten Ausgangszustand wieder herzustellen. Standpunkt ist der Endzustand des aktuellen Teilsystems bzw. Startzustand des nachfolgenden Teilsystems.

- **Reaktionszeit**: Zeit, die benötigt wird, um auf ein Ereignis zu reagieren bzw. Zeit, die eine Reaktion benötigt. Standpunkt ist der Startzustand des aktuellen Teilsystems mit Blick in Richtung auf dessen Endzustand der Reaktion.
- **Wirkungsdauer**: Zeitdauer, in der ein Teilsystem von einem Zustand in einen anderen wechselt. Standpunkt liegt zwischen Start- und Endzustand des aktuellen Teilsystems.

Der Standpunkt gibt dem Namen nochmal eine besondere Bedeutung. Im Folgenden wird dies an Hand von zwei weiteren sehr wichtigen Aspekten im Zusammenhang mit der Regenerationszeit deutlich:

Reaktionszeit:
In der heutigen Zeit sind wir es gewohnt, dass wenn ich etwas tue, erhalte ich auch sofort eine Reaktion darauf. Ich schalte den Lichtschalter ein und sofort reagiert die Lampe und leuchtet. Besonders in unserer digitalen Welt reagieren die Computer-Programme fast immer sofort auf unsere Eingaben. Selbst in Spielfilmen haben die Akteure immer sofort eine Lösung parat, die sich zudem sofort umsetzen lässt und innerhalb von 1.5 Stunden zu einem „Happy End“ führt. Mit diesen Erfahrungen verlernen wir aber komplett, dass natürliche Systeme stets Zeit brauchen, um auf ein Ereignis zu reagieren. Wenn ich jetzt etwas tue, kann die Reaktion darauf durchaus erst sehr viel später eintreten. Wenn ich zum Beispiel flüssiges Wasser ins Eisfach packe, wird nicht sofort Eis daraus. Das kann eine Stunde oder länger dauern. Die Natur reagiert häufig sehr träge auf Veränderungen. Zum Beispiel steigt der CO_2-Gehalt in der Atmosphäre seit über 200 Jahren immer steiler an und hat inzwischen so hohe Werte erreicht, wie noch nie zuvor. Die globale Temperatur reagiert hingegen sehr langsam auf den steigenden CO_2-Anstieg. Erst seit etwa 1990 wird der Anstieg der Temperatur außerhalb der natürlichen Schwankungen erkennbar und kann nicht mehr geleugnet werden.

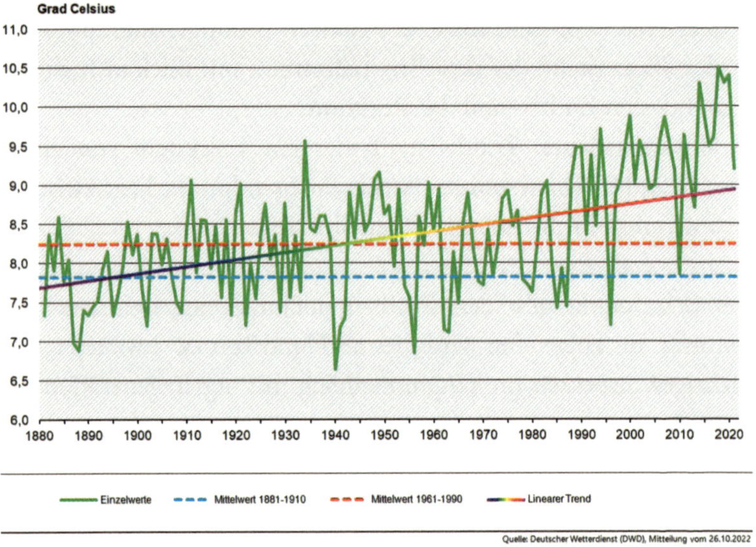

Abbildung 2-15: Jährliche mittlere Tagestemperatur in Deutschland

Die träge Reaktion der mittleren Temperatur auf den CO_2-Anstieg führt aber zur nachdenklich machenden Frage: Selbst wenn wir jetzt sämtliche CO_2-Emissionen einstellen würden, wie lange würde die globale Temperatur trotzdem noch weiter ansteigen, bevor sie wieder sinkt? Dies leitet direkt zur nächsten Zeitangabe weiter.

Wirkungsdauer:

Wenn eine Substanz erst mal freigesetzt ist, kann sie sehr lange wirken. Sie lässt sich nicht mehr so einfach deaktivieren bzw. eliminieren. Beim Ozonloch[1] hat man diese Erfahrung bereits gemacht. 1989 trat das Montrealer Protokoll [1],[78] zum Schutz der Ozonschicht [1] in Kraft. Weltweit wurden daraufhin keine FCKWs[1] mehr freigesetzt, die die Ozonschicht[1] schädigen. Dennoch ist das Ozonloch fast 20 Jahre lang weitergewachsen und schließt sich seitdem nur langsam. Noch heute kann man im Oktober in der Antarktis das Ozonloch messen. Bei CO_2 ist das noch extremer. Ist CO_2 erst mal in die Atmosphäre freigesetzt, ist es dort mehrere 100 Jahre bis 1000 Jahre als Treibhausgas aktiv. Es hat also eine sehr lange Wirkungsdauer. Damit ist aber auch klar, dass alles CO_2, das wir seit der Industrialisierung freigesetzt haben, noch immer wirksam ist. Wir tragen also nicht nur die Verantwortung für das CO_2 das wir gerade emittieren, sondern tragen auch die historische Verantwortung für alles CO_2, das wir in der Vergangenheit ausgestoßen haben.

Aufgrund unserer Alltagserfahrungen in unserer schnellen digitalen Welt unterschätzen wir leider die Reaktionszeit und die Wirkungsdauer gewaltig. Wir lassen uns viel zu viel Zeit mit der Umsetzung der Maßnahmen zum Klimaschutz. Weil wir die Reaktionszeit der globalen Temperatur und die Wirkungsdauer von CO_2 als Treibhausgas ignorieren, glauben viele, wir hätten noch genügend Zeit, um auf den Klimawandel zu reagieren. Das ist aber ein gefährlicher Irrtum.

2.2 Anmerkungen zum wissenschaftlichen Arbeiten

Das vorangegangene Kapitel über die Grundlagen der Nachhaltigkeit (Kapitel 2.1) hat uns einen tieferen Einblick in die Naturgesetze gewährt. Diese Gesetze gelten ohne Einschränkungen im gesamten Universum und werden ohne Ausnahme von der Natur strikt befolgt. Ich selbst bin immer wieder von der Genialität, der Vielfältigkeit und der Brillanz, die in den Naturgesetzen steckt, fasziniert. Aber wie kommen wir zu den Erkenntnissen und was sind die Voraussetzungen?

2.2.1 Naturgesetze und Gott

Im Prinzip braucht es nur die Naturgesetze, etwas Zufall und die ganze Schöpfung entsteht in ihrer vollen Pracht und ist bei Weitem noch nicht am Ende. Die Sprache der Naturgesetze ist die Mathematik und die Logik. Deswegen bezeichne ich die Naturgesetze gerne als das wahre Wort Gottes, dem sich alles zu beugen hat. Auch wir haben uns diesen Gesetzen zu beugen. Damit die Natur aber nicht zu starr ist, bringt die Quantenphysik den Zufall und damit die Kreativität ins Spiel. Die Quantenphysik gibt zufällige Impulse in die Entwicklung der Schöpfung und der Evolution. Oder in religiöser Sicht gesprochen: Die Quantenphysik ist eine Möglichkeit, wo Gott als Schöpfer kreativ in das Geschehen unbemerkt eingreifen kann. Wir Menschen sind ein Zufallsergebnis der Schöpfung oder vielleicht doch eine bewusste Schöpfung Gottes? Auf diese Frage gehe ich später noch ein.

2.2.2 Gott und Wissenschaftler

Wenn es einen Gott gibt, wovon ich ausgehe, so erlaubt er es uns, dass wir seine Naturgesetze und seine Schöpfung erfahren und kennenlernen dürfen. Er fordert uns regelrecht dazu auf und erlaubt es uns, dieses Wissen zu schaffen. Menschen, die dieser Tätigkeit nachgehen, sind daher Wissenschaftler. Und wir haben inzwischen sehr viele Erkenntnisse gewonnen. Wir sind sogar in der Lage, die gefundenen Gesetze mathematisch zu formulieren. Ohne Gottes Zugeständnis wäre dies nicht möglich. Und wir dürfen noch mehr: Wir dürfen unsere Erkenntnisse im Rahmen der Naturgesetze so einsetzen, dass wir unsere Lebensqualität damit deutlich verbessern können. Wir haben die Erlaubnis, selbst kreativ zu werden. Und wenn wir geschickt und umsichtig vorgehen, können wir sogar unser eigenes Paradies auf Erden schaffen. Sind wir aber ungeschickt und überheblich, kann unser Leben auch zur Hölle werden.

Naturwissenschaftler sind deswegen indirekt auch Botschafter oder Propheten Gottes, die nicht nur Einblick in die Naturgesetze haben, sondern die uns auch über deren Konsequenzen aufklären können. Das gilt insbesondere für die Konsequenzen, die unser Verhalten nach sich ziehen wird. Auch wenn wir niemals gegen Naturgesetze, dem Wort Gottes, verstoßen können, so können sich diese aber wohlwollend oder sehr unangenehm auf unser Leben auswirken. Die Wissenschaftler zeigen uns die Möglichkeiten auf und wir können dann entscheiden, was uns wichtiger ist. Deswegen sollten wir so geschickt und so umsichtig wie möglich entscheiden und handeln. Das Dümmste, das wir dabei machen können ist, dass wir die Warnungen der Wissenschaftler ignorieren oder nach unseren Wunschvorstellungen uminterpretieren. Denn wissenschaftliche Aussagen beruhen nicht auf Meinungen und können auch nicht frei ausgelegt werden. Sie sind das Ergebnis eines offenen und kritischen Prozesses. Dieser wird im nächsten Kapitel näher beleuchtet.

2.2.3 Wie entstehen wissenschaftliche Erkenntnisse?

- Am Anfang wissenschaftlicher Erkenntnisse steht nicht selten die Beobachtung eines Phänomens.
- Als Erstes versucht man, das Phänomen zu reproduzieren. Nur wenn dies sicher funktioniert, geht der wissenschaftliche Prozess weiter. Der Reproduktionsweg wird dabei genau protokolliert.
- Die Bedingungen, die scheinbar zu diesem Phänomen führen, werden variiert und deren Auswirkungen auf das Phänomen werden genau untersucht. Auch hier werden alle Versuche und deren Resultate so genau wie möglich protokolliert.
- Aufgrund der gewonnenen Erkenntnisse werden anschließend Theorien aufgestellt, die dieses Phänomen möglichst gut erklären sollen. Theorien haben dabei auch die Eigenschaft, dass wir aus ihnen Vorhersagen ableiten können.

- Die Theorien werden umfangreich und sehr genau überprüft. Sollte sich dabei herausstellen, dass auch nur in einem einzigen Fall ein Ergebnis von den Theorien reproduzierbar falsch vorhergesagt wird, so ist die Theorie wiederlegt. Entweder wird sie dann als falsch bewertet, oder sie gilt nur unter besonderen Bedingungen, die zur Theorie auch genannt werden müssen.
- Wenn die Theorie durch viele Experimente bestätigt wurde, wird sie in Form einer Forschungsarbeit (Paper) in Fachgremien veröffentlicht. So wird sie allen interessierten Leuten weltweit zur Verfügung gestellt, inklusive der Konkurrenten. Diese überprüfen die Ergebnisse und Erkenntnisse sehr genau, indem sie die Experimente exakt nach den mitgelieferten Protokollen durchführen und versuchen, die Theorie zu widerlegen.
- Werden die Theorien und die Experimente von den unabhängigen Prüfern ebenfalls bestätigt, werden sie bis auf Widerruf als richtig gewertet. Dann erscheinen sie häufig auch in renommierten internationalen Zeitschriften wie zum Beispiel „Nature".

Der wissenschaftliche Prozess hat also sehr viel mit unabhängiger Überprüfung und Bestätigung der Erkenntnisse zu tun. Jeder ist aufgerufen, die Ergebnisse zu hinterfragen. Wenn es Zweifel an der Theorie gibt, müssen diese allerdings mit experimentellen Ergebnissen oder mit Beweisen begründet werden. Behauptungen ohne stichfeste Beweise reichen nicht aus. Meinungen spielen allenfalls bei der Entwicklung der Theorie eine Rolle. Sie müssen aber später ebenfalls mit Beweisen belegt werden. Wissenschaftliche Erkenntnisse sind also nicht frei interpretierbar und auslegbar, sondern beruhen auf Beweisen und Nachweisen. Sie unterliegen nicht den Regeln der Demokratie und der Meinungsfreiheit. Wissenschaftliche Erkenntnisse lassen sich nicht wegdiskutieren und durch Ignorieren werden sie erst recht nicht verschwinden.

2.2.4 Klima versus Wetter

Immer wieder kommt die Frage auf: Warum sollten Klimaforscher langfristige Klimaveränderungen zuverlässig voraussagen können, wenn Meteorologen nicht mal in der Lage sind, das aktuelle Wetter korrekt vorherzusagen? Der Grund lässt sich sehr leicht am Beispiel der Raumtemperatur erläutern:

Wir messen zum Beispiel in der Küche mit einem Thermometer eine Raumtemperatur von 20°C. Wenn wir jetzt aber genau hinschauen, kommen am Ergebnis Zweifel auf. Da kocht Wasser auf dem Herd und dort muss die Temperatur um die 100°C liegen. Der Toaster läuft und damit existieren dort über 50°C. Wir holen etwas aus dem Gefrierfach und sofort strömen Nebelschwaden Richtung Boden. Die Temperatur muss hier also um 0°C liegen. Am Fenster läuft der Heizkörper und liefert 40°C, während an der Außenwand nur 5°C herrschen. Im ganzen Raum gibt es keine einheitliche Temperatur. Ganz im Gegenteil, die Temperatur ist stark abhängig vom Ort, wo sie gemessen wird und davon, was dort gerade geschieht. Die einzelnen Temperaturen sind nicht vorhersagbar. Also ist die Angabe, dass die Raumtemperatur 20°C beträgt, offensichtlich falsch, oder doch nicht? Sie ist richtig, weil ein Thermometer, aufgrund seiner langsamen Reaktionszeit, die gemittelte Temperatur des Raumes misst. Durch die Mittelung verschwinden alle extremen Temperatur-Abweichungen.

Beim Klima und Wetter ist das genauso. Das Klima besteht aus den Mittelwerten der einzelnen Wetterdaten an einem Ort, die sich über einen sehr langen Zeitraum hinweg ergeben. Somit entsprechen die Klimawerte im Beispiel der mittleren Raumtemperatur und das Wetter den lokalen Temperaturen.

International haben sich die Klimatologen darauf geeinigt, dass für die Klimadaten die Wetterdaten eines Ortes über 30 Jahre hinweg gemittelt werden müssen. Wenn also beim Klima von der globalen mittleren Temperatur gesprochen wird, dann ist damit die über 30 Jahre hinweg täglich gemittelte globale Temperatur gemeint. So werden alle zufälligen Schwankungen und willkürlichen Ausreißer beim Wetter durch die Mittelung beseitigt. Übrig bleiben die grundlegenden dominierenden Komponenten des Wetters: die Klimadaten. Und das Klima ändert sich normalerweise nur langsam, wenn nicht gerade ein Asteroid auf der Erde einschlägt oder gigantische Vulkanausbrüche weltweit stattfinden.

Anmerkungen, warum wir die aktuellen Klimadaten nicht kennen

Normalerweise gelten die so bestimmten Klimadaten für das Jahr, das sich in der Mitte des 30-jährigen Zeitraums befindet. Es werden also die Wetterdaten 15 Jahre vor und 15 Jahre nach dem gewünschten Datum gemittelt. Weil wir die Wetterdaten der nächsten 15 Jahre nicht kennen, können wir die aktuellen Klimadaten noch gar nicht kennen. Das letzte Jahr, für das wir die Klimadaten kennen, liegt demnach 15 Jahre zurück.

2.2.5 Aussagekraft von Modellen

Um die Entwicklung des zukünftigen Klimas vorhersagen zu können, verwenden die Wissenschaftler Klimamodelle, bei denen alle großen Systeme der Erde (Land, Ozeane, Atmosphäre, Kryosphäre, Biosphäre und deren Wechselwirkungen) gemeinsam modelliert werden. Die Startbedingungen werden am Anfang festgelegt und dann werden mit Hilfe der bekannten Naturgesetze die zukünftigen Entwicklungen in kleinen Schritten berechnet. Aber woher nehmen die Wissenschaftler die Gewissheit, dass die Ergebnisse der Klimamodelle wirklich zutreffen und relevant für unsere Zukunft sind?

Sie nehmen bekannte Startbedingungen, z. B. die Klimadaten oder Wetterdaten von vor vielen Jahrzehnten, und lassen die Klimamodelle die Weiterentwicklung von damals bis heute berechnen. Je besser die Ergebnisse mit den aktuellen Klima- bzw. Wetterdaten übereinstimmen, desto besser und vertrauensvoller ist das Klimamodell und seine Vorhersage. Außerdem hat fast jedes Land seine eigenen Klimamodelle, die die gleichen Prüfungen durchlaufen. Liefern alle Klimamodelle nahezu die gleichen Ergebnisse, kann man ihren Vorhersagen schon sehr gut trauen.

Attributionsforschung[30],[44] und die Auswirkung des Menschen auf die Natur:
Die Attributionsforschung (Zuordnungsforschung) ist ein relativ neuer Ansatz, mit dem sich der Einfluss des Menschen auf das Klima und damit auf die Häufigkeit von Wetterereignissen gut berechnen lässt. Bei ihr wird das gleiche Klimamodell einmal mit den realen Ist-Daten gestartet und das andere Mal mit den Daten, bei denen die vom Menschen verursachten Emissionen und Einflüsse auf das Klima entfernt wurden. Zum Beispiel setzt man den CO_2-Gehalt der Atmosphäre auf den Wert vor der Industrialisierung zurück. So ergeben sich die Entwicklung des Klimas und die Häufigkeit und Intensität von Wetterextremen einmal mit menschlichem Einfluss und einmal, wie sie sich ohne den Menschen entwickelt hätten. Die Unterschiede in den Ergebnissen müssen am menschlichen Einfluss liegen. Die Attributionsforschung zeigt also, welchen Beitrag der Mensch an der Entwicklung des Klimas oder Wettergeschehens hat.

2.2.6 Zufallsergebnis oder bewusste Schöpfung?

Wir Menschen sind ein Zufallsergebnis der Schöpfung oder vielleicht doch eine bewusste Schöpfung Gottes? Wir wissen es nicht und werden es auch nie über die Naturwissenschaften erfahren. Die Naturgesetze und die Naturwissenschaften befassen sich ausschließlich mit der materiellen Welt. Sie können und werden auch keine gesicherten Aussagen über Bereiche außerhalb der materiellen Welt treffen. Dazu gehören zum Beispiel Spiritualität, Seelenkonzept, Transzendenz, übersinnliche Wahrnehmungen (also Wahrnehmungen jenseits unserer Sinne, die in Kapitel 1.1. erläutert werden) und sehr vieles mehr.

Deswegen wird ein seriöser Naturwissenschaftler niemals andere Antworten auf Fragen zur Spiritualität und zu Gott geben als: „Das entzieht sich meinen/unseren Kenntnissen. Dafür sind die Religionen zuständig." Dies ist überspitzt gesagt auch die Botschaft hinter: „Gebt dem Kaiser, was des Kaisers ist, und Gott, was Gottes ist", wenn man Kaiser durch Materie ersetzt.

Dennoch ist es zulässig, dass Naturwissenschaftler ihre Meinung und Vermutungen zu Themen außerhalb ihres Fachbereiches sagen dürfen wie jeder andere auch. Sie werden sie dann aber auch als eigene Meinung klar kennzeichnen.

3. Natürliche Kreisläufe

Im vorangegangenen Kapitel 2 haben wir die naturwissenschaftlichen Grundlagen zum Thema Kreisläufe kennengelernt. Um die einzelnen Wirkungen der Naturgesetze besser zu verstehen, werden dort viele interessante, aber nur begrenzte Details erklärt. Wir haben die Hintergründe von Takten, Musiknoten und Musikinstrumenten kennengelernt. Musik ist aber wesentlich mehr: Erst das Zusammenspiel im Orchester wird zum überwältigenden Erlebnis. Genauso ist es in der Natur: Erst durch das Zusammenspiel aller Naturgesetze und deren Wechselwirkungen wird die volle Vielfalt, Kreativität und Schönheit der Schöpfung erkennbar. Und das Leben lässt dieses Zusammenspiel und die Wechselwirkungen geradezu explodieren. Nicht umsonst spricht man von den Symphonien des Lebens. Deswegen betrachten wir jetzt einige wichtige Beispiel für natürliche Kreisläufe im größeren Zusammenspiel.

Natürliche Kreisläufe unterliegen keinem Willen, der sie forciert, und werden durch den Menschen nicht beeinflusst. Sie laufen nur nach den Regeln der Naturgesetze ab, wie sie in Kapitel 2.1 erläutert werden. Natürliche Kreisläufe sind zwangsläufig immer nachhaltig und geschlossen, denn sonst kämen sie zum Stillstand.

3.1 Der Kohlenstoffkreislauf

Der Kohlenstoffkreislauf ist so vielseitig und wichtig für das Leben, dass wir ihn hier etwas näher beleuchten. Der Kohlenstoff (C) kann viele verschiedene chemische Verbindungen eingehen und kann beliebig lange Molekülketten bilden. Mit Wasserstoff (H) und Sauerstoff (O) sind scheinbar endlos viele Verbindungen möglich. Deswegen gibt es einen eigenen großen Bereich in der Chemie, der sich nur mit diesen Kohlenwasserstoffen und ihren Verbindungen beschäftigt: die organische Chemie. Das ganze Leben und all seine Vielfalten beruhen auf den Eigenschaften des Kohlenstoffs. Fangen wir deswegen mit dem Nahrungskreislauf an.

3.1.1 Der Nahrungskreislauf

Der Nahrungskreislauf wurde in Kapitel 2.1.3.2.2 schon als Energiekreislauf beschrieben, aber er ist so wichtig, dass wir hier auf noch mehr Eigenschaften eingehen wollen.

Medium:
Kohlenstoff in Form von Kohlendioxid (CO_2), Glucose/Zucker ($C_6H_{12}O_6$) und anderen Verbindungen.

Mineralien und Wasser in purer Form oder in organischen Chemieverbindungen.

Energiequelle:
Sonneneinstrahlung (Strahlungsenergie), die die Pflanzen zur Photosynthese verwenden. Die Lichtenergie spaltet dabei in den Blättern das CO_2 in C und O_2. Der Sauerstoff (O_2) wird frei und aus dem Kohlenstoff (C) wird Glucose/Zucker und später entstehen daraus Blätter, Stängel und Holz. Die Pflanze wächst.

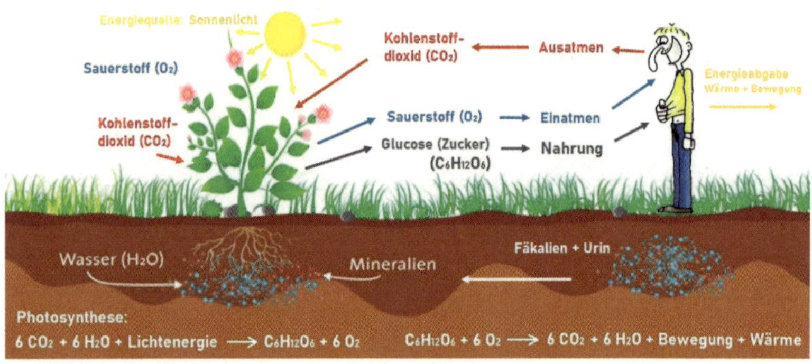

Abbildung 3-1: Der Nahrungskreislauf

Transportierte Eigenschaften:
In erster Linie transportiert der Nahrungskreislauf Energie. In Abbildung 3-1 ist im unteren Bereich der Energietransport dargestellt. Dort sieht man, dass die chemischen Verbindungen immer hin und her wechseln. Das Einzige, was effektiv passiert, ist, dass die Lichtenergie in Bewegung und Wärme umgesetzt wird. Aber die Kohlenstoffverbindungen transportieren auch die Materialien, die die Tiere und Menschen zum Wachsen brauchen. Dazu gehören vor allem die Mineralien, Vitamine und der Kohlenstoff selbst, aus dem alles organische Material besteht.

Startsituation / Startzustand des Kreislaufs:
Die Pflanze nimmt das Sonnenlicht auf und bildet aus dem Kohlendioxid der Atmosphäre und dem Wasser des Bodens Glucose (Zucker). Dabei wird das in der Atmosphäre zuvor gleichmäßig verteilte Kohlendioxid aus der Luft entfernt und in der Pflanze als Kohlenstoffverbindung hoch angereichert. Die Pflanze schafft also Ordnung unter hohem Energieeinsatz. Wobei die Energie als chemische Energie in den Pflanzenverbindungen gespeichert wird. Die Mineralien aus dem Boden werden dabei ebenfalls in den Verbindungen des Pflanzenmaterials eingelagert.

Endsituation / Endzustand des Kreislaufs:
Die Pflanzenfresser (inklusive wir Menschen) verbrennen den Kohlenstoff, der in der Nahrung enthalten ist und wandeln ihn in Bewegungsenergie und vor allem Wärmeenergie um. Dabei atmen wir CO_2 aus, das sich wieder frei in der Atmosphäre verteilt. Die Mineralien gelangen durch den Urin und Fäkalien, die wir und die Tiere ausscheiden, wieder zurück in den Boden.

Ablaufgeschwindigkeit und Regenerationszeiten:
Das Pflanzenwachstum bestimmt die Geschwindigkeit, mit der der Nahrungskreislauf abläuft. Bei geringem Pflanzenwachstum gibt es weniger Pflanzenfresser und damit weniger Fleischfresser. Ist das

Pflanzenwachstum sehr gut, gibt es viele Pflanzenfresser und in Folge auch viele Fleischfresser. Die Pflanzen regulieren den Kreislauf und damit ist sichergestellt, dass die Regenerationszeiten stets eingehalten werden.

Anmerkungen:
Der Kreislauf kann mit Fleischfressern erweitert werden, ohne dass sich etwas an den prinzipiellen Aussagen ändert. Fleischfresser essen indirekt die Pflanzen, weil sie die Pflanzenfresser fressen, die zuvor die Pflanzen gefressen haben. Der Nahrungskreislauf bleibt also geschlossen und nachhaltig.

3.1.2 Der natürliche Holzkreislauf

Da Bäume zu den Pflanzen gehören, wächst und gedeiht ein Baum, indem er das Kohlendioxid (CO_2) der Atmosphäre entzieht und es mit Wasser (H_2O) via Photosynthese in Holz und Blätter umwandelt. Siehe Erklärungen in Kapitel 3.1.1. Wie viele Tonnen CO_2 ein Buchenwald von 1 ha Größe (100 m x 100 m) in einem Jahr speichern kann, ist in Abbildung 3-2 rechts mit roten Zahlen angegeben. 18 t/ha*a (Tonnen pro Hektar und pro Jahr) nimmt der Wald auf. Davon gibt er im Herbst wieder 6 t/ha*a ab, weil er seine Blätter verliert. Also werden 12 t CO_2 jedes Jahr und auf jedem Hektar gespeichert. Weil ein Laubwald ca. 1200 Bäume auf 1 ha hat, entspricht das 10 Kilogramm CO_2 pro Buche pro Jahr.

Medium:
Kohlenstoff als Kohlendioxid (CO_2) und in Form von Holz.

Energiequelle:
Sonneneinstrahlung (Strahlungsenergie), das die Bäume zur Photosynthese nutzen. Diese Energiequelle ist durchgängig in Aktion, solange der Baum wächst.

Aufbau und Verbleib der Primärproduktion in einem Hainbuchenmischwald.

Gewichtsangaben: Trockenmasse $C_6H_{12}O_6$ in t/ha·a

Gespeichertes CO_2 = 1,5 x Trockenmasse $C_6H_{12}O_6$

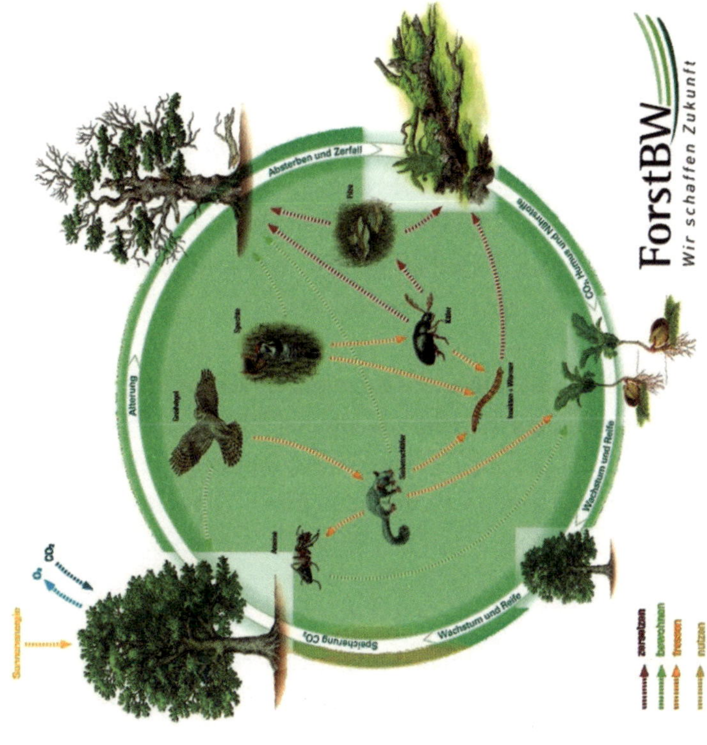

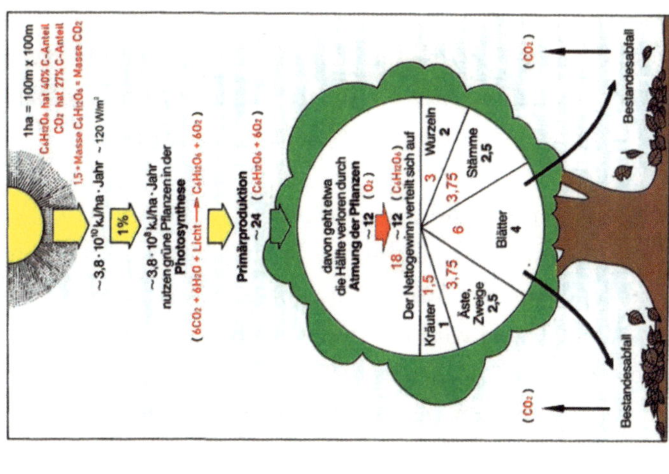

Abbildung 3-2: Der natürliche Holzkreislauf

Transportierte Eigenschaften:
Nahrung für die Tier- und Pflanzenwelt wie z. B. Käfer und Larven, die wiederum Nahrungsquelle für andere Tiere sind. Baustofflieferant für Nester und Nisthöhlen. Energielieferant für Feuer.

Startsituation / Startzustand des Kreislaufs:
Der Baum nimmt vom Sämling an das Sonnenlicht auf und bildet aus dem Kohlendioxid der Atmosphäre mit dem Wasser des Bodens Holz und Blätter. Dabei wird das in der Atmosphäre zuvor gleichmäßig verteilte Kohlendioxid aus der Luft entfernt und im Baum als Holz hoch angereichert. Der Baum schafft also Ordnung unter hohem Energieeinsatz und konzentriert den Kohlenstoff samt Energie in seinem Holz.

Endsituation / Endzustand des Kreislaufs:
Am Ende stirbt der Baum und verrottet langsam. Viele Organismen zersetzen ihn. Dabei wird das ganze zuvor im Baum gespeicherte Material wieder freigesetzt. Die Organismen leben von der Oxidierung des Kohlenstoffs zu CO_2, bei dem Energie für ihre Bewegung und Wärme frei wird. Dadurch erhält die Atmosphäre das gesamte zuvor aus ihr entzogene CO_2 zurück.

Ablaufgeschwindigkeit und Regenerationszeiten:
Die Regenerationszeit reicht von einigen Jahrzenten bis zu wenigen hundert Jahren. Solange speichern die Bäume das aus der Atmosphäre aufgenommene CO_2 in ihrem Holz. Danach wird es wieder frei.

Anmerkungen:
Weil Bäume CO_2 in ihrem Holz speichern, sind Wälder für die Senkung des CO_2-Anteils in unserer Atmosphäre hoch interessant. Allerdings sind Wälder dabei nur Zwischenpuffer für CO_2. Nach dem Tod der Bäume (nach 100-200 Jahren) wird das CO_2 durch Zersetzungsprozesse wieder freigesetzt. Bäume sind also nur

vorübergehend als CO_2-Senke geeignet. Dieser Puffer gibt uns aber Zeit, um Techniken zu entwickeln, mit der wir CO_2 für sehr lange Zeiträume speichern können. Die Natur macht dies übrigens in Mooren.

3.1.3 Der (intakte) Regenwaldkreislauf

Eine besondere Variation des Holzkreislaufes ist der Kreislauf des Holzes im tropischen Regenwald, weil dieser auf nahezu unfruchtbarem Boden (quasi in der Wüste) gedeiht. Hier generiert der Regenwald alles, was er zum Leben braucht, inklusive Wasserkreislauf und eigenes Klima.

Alle Nährstoffe, Mineralien usw. befinden sich im Regenwald in den Pflanzen und insbesondere in den Bäumen. Die Humusschicht am Boden ist nur sehr dünn (ca. 25 cm dick). Darunter sind meistens eine Sand- und eine Lehmschicht, die kaum Nährstoffe enthalten. Sobald ein Baum stirbt, geht der Kampf der umliegenden

1 Verdunstung 2 Dünne Humusschicht 3 Tote Biomasse 4 Rezyklierung der Nährstoffe durch Organismen 5 Wurzelgefelcht mit Mykorrhiza 6 Rückführung der Nährstoffe 7 Nährstoffeintrag über die Luft (C,N) 8 Evaporation 9 versickerung 10 Sandschicht 11 Lehmschicht

Abbildung 3-3: Kreislauf eines intakten Regenwaldes

Gewächse um die in ihm gelagerten Rohstoffe und Nährstoffe los. Alles wird restlos verwertet. Außerdem schafft der Regenwald sein eigenes Wetter. Tagsüber verdunsten die Bäume das Wasser vom Boden. Im Laufe des Nachmittags bilden sich daraus Wolken, die dann abregnen und alle Pflanzen gießen.

Beim Regenwaldkreislauf gelten die gleichen Eigenschaften für Medium, Energiequelle usw. wie beim natürlichen Holzkreislauf (siehe Kapitel 3.1.2).

Anmerkungen

Alle Abläufe laufen im Regenwald nahezu parallel am gleichen Ort zur gleichen Zeit ab. Der Kreislauf besteht im Prinzip aus unzähligen Subkreisläufen, die alle zeitversetzt laufen. Da der Regenwald aber ein geschlossenes Biotop/System ist, behält er sämtliche Materie und verwertet diese immer wieder neu. Nur Sonnenlicht fällt als Energie in den Regenwald hinein und Wärmeenergie verlässt ihn wieder. Von außen betrachtet sind alle Subkreisläufe, bis auf sehr kleine Ausnahmen, geschlossen. Der Regenwald ist somit eines der nachhaltigsten Systeme, die es auf der Erde überhaupt gibt.

3.1.4 Der fossile Energiekreislauf

Zu den fossilen Energien gehören Kohle (Braunkohle, Steinkohle, Anthrazitkohle), Erdöl und Erdgas. Das sind alles Energieträger, von denen wir sehr abhängig sind und die für viele globale Probleme sorgen.

Der fossile Energiekreislauf besteht aus zwei Kreisläufen, die in Abbildung 3-4 auf der rechten Seite zu sehen sind:

- In der oberen Hälfte sind es der Holzkreislauf (Kapitel 3.1.2) und der Nahrungskreislauf (Kapitel 3.1.1), die relativ schnell sind. In diesem Bereich gibt es Sauerstoff, den die Lebewesen zum Zersetzen des organischen Materials brauchen (aerober Bereich).
- In der unteren Hälfte ist es der geologische Gesteinskreislauf, der erheblich langsamer abläuft. Hier gibt es keinen Sauerstoff

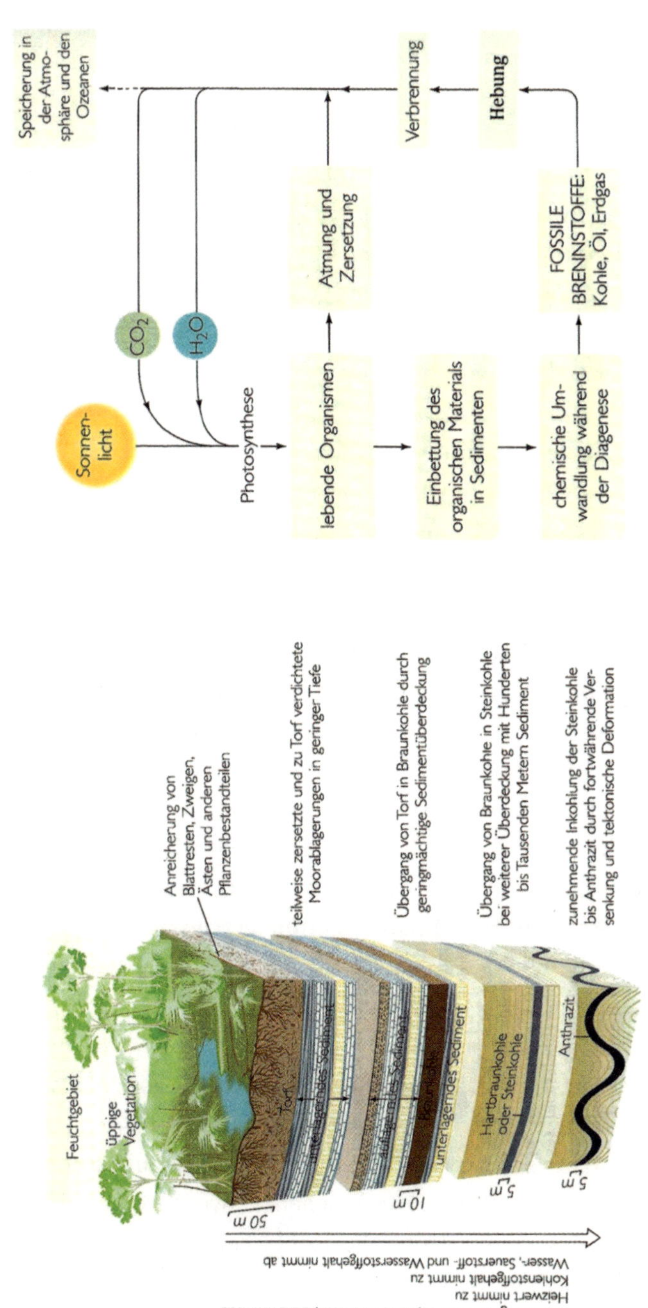

Abbildung 3-4: Entstehung von Kohle, Erdöl, Erdgas und der fossile Energiekreislauf

und damit keine Zersetzung des organischen Materials (anaerober Bereich).

Versinken die Bäume und andere organische Materialien nach ihrem Tod im anaeroben Bereich (Bereich ohne Sauerstoff O_2), wie zum Beispiel im Schlamm oder Moor, zersetzen sie sich kaum. Sie werden dann sedimentiert, wie es auf der linken Seite der Abbildung 3-4 zu sehen ist.

Bei der Sedimentation gerät das kaum zersetzte organische Material unter andere Sedimentschichten. Dadurch sinkt es immer tiefer in die Erde und wird immer weiter verdichtet. Unter dem steigenden Druck wird das organische Material zunehmend umgewandelt: Erst wird es zu Torf, dann zur Braunkohle. Ab einer Tiefe von mehreren hundert bis tausend Metern wandelt der zunehmende Druck die Braunkohle in Steinkohle und später in Anthrazit um. Bei dieser Umwandlung steigt der Kohlenstoffanteil in der Kohle. Dieser Prozess wird Verkohlung genannt und es stehen Kohleflöze.

Bei diesem Prozess entstehen aber auch Erdöl und Erdgas:

- **Erdgas:** Sehr kurze Kohlenwasserstoffverbindungen wie Methan, Ethan, Propan und Butan.
- **Erdöl:** Etwas längere Kohlenwasserstoffverbindungen wie Pentan, Hexan, Heptan, Oktan usw. Oktan wird in Abbildung 2-6 als Beispiel für die Massenerhaltung gezeigt.
- **Kohle:** Besteht aus einem Stoffgemisch von sehr langen und sehr komplexen Kohlenwasserstoffen.

Der Prozess der Verkohlung dauert viele Millionen bis mehrere 100 Millionen Jahre. Durch Hebungen und Erosion kommt die Kohle irgendwann auf natürliche Weise zurück an die Erdoberfläche. So ist es im Ruhrgebiet geschehen, wo ein Schweinehirte in der Nähe des Flusses Ruhr die Kohle entdeckte. Sein Lagerfeuer ließ sich damals nicht löschen, weil der vermeintlich schwarze Stein brannte. Damit startete der Hirte unbewusst ein neues Zeitalter für den Menschen.

Das Besondere an Kohle, Erdöl und Erdgas ist, dass in ihnen die Sonnenenergie von vielen Millionen Jahren Photosynthese gespeichert ist (siehe Abbildung 3-1 in Kapitel 3.1.1). Diese wird bei der Verbrennung (Oxidation) wieder freigesetzt und damit leider auch der enthaltene Kohlenstoff in Form von CO_2.

Medium:

- Kohlenstoff als Kohlendioxid (CO_2) und in Form von Holz, Pflanzen, Erdgas, Erdöl und Erdgas.
- Energie in Form von chemischer Energie, die bei der Photosynthese gewonnen wird, und als Energiereserve gespeichert wird.

Energiequelle:

- Sonneneinstrahlung (Strahlungsenergie), die die Bäume und Pflanzen zur Photosynthese nutzen.
- Plattentektonik und Vulkanismus, der die Gesteinsschichten und damit die Kohle hebt.

Transportierte Eigenschaften:

Hauptsächlich Energie und Kohlenstoff C, der der Atmosphäre als Kohlendioxid CO_2 entzogen wurde.

Startsituation / Startzustand des Kreislaufs:

Die Bäume und Pflanzen nehmen das Sonnenlicht auf und wandeln das Kohlendioxid CO_2 der Atmosphäre in organisches Material (Holz und Blätter) um.

Endsituation / Endzustand des Kreislaufs:

- Aerober Kreislauf: Die Organismen leben von der Oxidierung des Kohlenstoffs zu CO_2, bei dem Energie für die Bewegung und Wärme frei wird. Deswegen zersetzen sie das abgestorbene organische Material. Dabei erhält die Atmosphäre das gesamte zuvor aus ihr entzogene CO_2 zurück.

- Anaerober Kreislauf: Das abgestorbene organische Material wird nicht zersetzt und verkohlt in vielen Millionen Jahren. Am Ende wird die Kohle nach Hebung und Erosion der Gesteinsschichten letztendlich verbrannt. Dabei wird die in Millionen Jahren gespeicherte Energie als Wärme wieder frei. Die Atmosphäre erhält dabei das gesamte zuvor aus ihr entzogene CO_2 zurück.

Ablaufgeschwindigkeit und Regenerationszeiten:

- Der Holzkreislauf bildet den schnelleren Kreislauf. Mehr Details zu ihm befinden sich in Kapitel 3.1.2 unter Ablaufgeschwindigkeit und Regenerationszeiten.
- Der geologische Gesteinskreislauf bildet den erheblich langsameren Kreislauf. Die Kohleentstehung bestimmt beim fossilen Energiekreislauf maßgeblich die Regenerationszeit.

3.1.5 Der gesamte Kohlenstoffkreislauf

In Abbildung 3-5 ist ein Schema des gesamten Kohlenstoffkreislaufs dargestellt. Einige seiner Subkreisläufe sind bereits in den vorangegangenen Kapiteln näher vorgestellt worden:

- Nahrungskreislauf in Kapitel 3.1.1: In der Grafik ist dieser an Land mit Kuh und Bäumen und im Meer mit Fisch und Algen dargestellt.

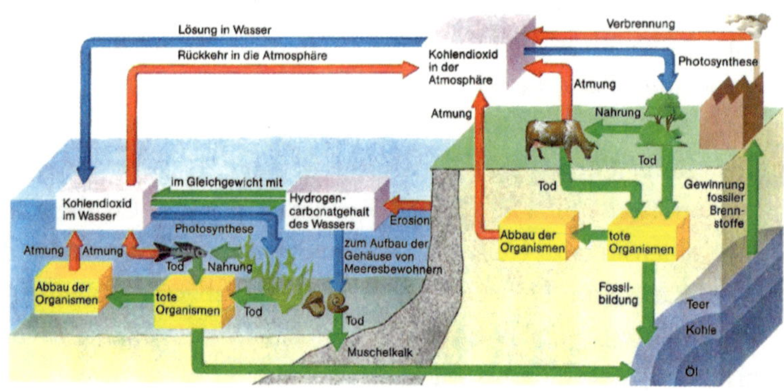

Abbildung 3-5: Schema des gesamten Kohlenstoffkreislaufs.

- Holzkreislauf in Kapitel 3.1.2: In der Grafik ist dieser nur mit Bäumen und Tod dargestellt. Dieser Kreislauf ist für die Energieversorgung von Bedeutung.
- Regenwaldkreislauf in Kapitel 3.1.3: In der Grafik ist dieser durch die Bäume symbolisiert. Die Bäume stehen für alle Wälder, insbesondere für die tropischen Regen-wälder und die borealen Wälder der Nordhalbkugel.
- Fossiler Energiekreislauf Kapitel 3.1.4: In der Grafik ist dieser durch den Nahrungskreislauf dargestellt, der um tote Organismen und die Fossilbildung erweitert ist.

Der gesamte Kohlenstoffkreislauf hat aber noch einige weitere sehr wichtige Subkreisläufe, die im Folgenden kurz näher beschrieben werden:

Wechselwirkung von Kohlendioxid in der Atmosphäre und im Meer

Kohlendioxid (CO_2) löst sich im Wasser. Dort bildet es Kohlensäure (H_2CO_3). Zwischen der Kohlendioxid –Konzentration der Atmosphäre und der im Wasser stellt sich immer ein Gleichgewicht ein. Das CO_2 wechselt zwischen dem CO_2 in der Atmosphäre und dem im Wasser hin und her. In Abbildung 3-5 ist dieser Subkreislauf oben links dargestellt.

Steigt der CO_2-Gehalt in der Atmosphäre, dann steigt auf Grund des Gleichgewichts auch der CO_2-Gehalt im Meer und damit der Kohlensäureanteil im Meer. Das Meer wird dadurch immer saurer. Da Säure Kalk auflöst, bekommen alle Lebewesen mit Skeletten aus Kalk große Probleme (Korallen, Muscheln…).

CO_2 und Biological Bumping

Das Schema des gesamten Kohlenstoffkreislaufs (Abbildung 3-5) zeigt uns zwei effektive Möglichkeiten der Natur, wie sie Kohlendioxid respektive Kohlenstoff für sehr lange Zeit den schnellen Kohlenstoffkreisläufen dauerhaft entziehen kann:

- Die eine Möglichkeit ist Teil des fossilen Energiekreislaufs. Durch Versinken des biologischen Materials unter anaeroben Bedingungen entstehen Torf, Erdgas, Erdöl und Kohle, die Kohlenstoff dauerhaft in den tiefen Erdschichten speichern. Weil Moore und Sümpfe anaerobe Bedingungen bieten, sind sie für den dauerhaften Kohlendioxid-Abbau von sehr großer Bedeutung.
- Die andere Möglichkeit ist das Biological Bumping. Damit bezeichnet man den Prozess, dass Meeresbewohnern nach ihrem Tod auf den Meeresboden sinken. Da Muscheln und sonstige Schalentiere ihre Skelette aus Kalk aufbauen, bilden sich am Meeresboden Muschelkalk-Sedimente. Kalk wiederum enthält sehr viel Kohlenstoff.

4. Wir dürfen die Naturgesetze für uns nutzen

In den vorangegangenen Kapiteln haben wir erfahren, dass wir die besondere Fähigkeit haben, die Natur, ihre Gesetze und ihr Zusammenspiel zu verstehen. Sie erlaubt es uns, die Schöpfung zu begreifen und in ihrer vollen Schönheit und Vollkommenheit zu sehen. Am Beispiel von einigen wichtigen Naturgesetzen und ihren Auswirkungen haben wir weiterhin einen tieferen Einblick in die Schöpfung bekommen. Aus einer religiösen Sicht heraus wären diese Erkenntnisse, ohne die Einwilligung von Gott, gar nicht möglich. Gott lässt uns also an der Erkenntnis teilhaben.

Neue Erkenntnisse haben aber immer die Konsequenz, dass die Welt hinterher nicht mehr so einfach und trivial ist, wie sie uns vorher erschien. Aus einer einfachen Vorstellung wie wir die Welt sehen, wird diese Welt durch neue Erkenntnisse schnell viel facettenreicher, vielschichtiger, bunter und komplexer als vorher. Die Realität wird sichtbarer. Als Kleinkind haben wir eine paradiesische Vorstellung von der Welt, wenn wir unter normalen bis guten Verhältnissen aufwachsen. Unsere Eltern tun alles für uns und beschützen uns. Wir hingegen müssen uns als Kinder um nichts kümmern und können im Rahmen unserer begrenzten Möglichkeiten machen, was wir wollen und wozu wir Lust haben.

Mit der Schule und dem Älterwerden, wachsen unsere Erkenntnisse über die Welt. Und damit wächst auch die Erkenntnis, dass die Welt nicht das Paradies ist, wofür wir sie als Kind gehalten haben und unsere Eltern sind auch keine Heiligen. Mit jeder Erkenntnis geht immer ein Stück vom alten Paradies in unserer Vorstellung verloren und neue Möglichkeiten entstehen. Ich glaube, dass Gott uns nicht verboten hat, vom Baum der Erkenntnis zu essen, sondern er hat uns davor gewarnt. Denn mit diesem Schritt öffnen wir die Tür zu einem anderen Bewusstsein und es gibt keinen Weg zurück in den vorherigen, unbeschwerten Zustand. Genauso wenig wie ein Erwachsener wieder in den unbeschwerten Zustand seiner Kindheit zurückkommt.

Aber Gott gibt uns nicht nur seine Erlaubnis, die Natur und ihre Gesetze kennen zu lernen, sondern er erlaubt uns sogar, dass wir mit ihnen spielen dürfen. Wir dürfen die Naturgesetze darüber hinaus auch zu unserem Vorteil nutzen, solange wir uns an sie halten. Wenn wir sie geschickt einsetzen und dabei besonnen, rücksichtsvoll und verantwortungsvoll vorgehen, können wir unser Paradies auf der Erde selbst erschaffen. Das bedeutet aber auch, dass wir unsere Mitgeschöpfe in diesen Prozess wohlwollend mit einbinden.

Das ist die Botschaft, die ich unter „Mache dir die Erde untertan" verstehe. Sollten wir ungeschickt handeln, wird uns Gott nicht bestrafen, aber die Naturgesetze werden für uns und alle Mitgeschöpfe zu unangenehmen Konsequenzen führen. Am Anfang sind die Auswirkungen für uns zuerst positiv. Sie werden erst im Lauf der Zeit, durch überstrapazierte Nutzung, für uns unangenehm und haben negativen Folgen für alle. Deswegen ist es sehr wichtig, dass wir mit Bedacht vorgehen und stets neue Erkenntnisse integrieren und unser Leben an diese Erkenntnisse anpassen.

In diesem Kapitel werden wir einige Beispiele kennenlernen, bei denen wir durch geschicktes Anwenden der Naturgesetze enorme Vorteile für unser Leben und unseren Lebensstil erhalten haben. Während Wissenschaftler uns die Erkenntnisse gebracht haben und noch weiter Wissen für uns schaffen, schlägt bei der Anwendung der gewonnenen Erkenntnisse das Herz der Ingenieure. Starten wir mit der Energie, wie sie im Laufe der Jahrtausende in unseren Alltag Einzug gehalten und unser Leben komplett verändert hat.

4.1 Die Energie gelangt in unser Leben

Um überhaupt irgendetwas tun zu können, brauchen wir Energie. Ohne Energie gäbe es keine Veränderungen, keinen Fortschritt und wir könnten keinen unserer Träume erfüllen. Leben und gestalten bedeutet, dass wir Energie haben müssen und auch in der Lage sind, diese gezielt einzusetzen.

Aber stellen wir uns jetzt mal einen Menschen der Frühzeit vor. Hätte unser Vorfahre eine Möglichkeit gehabt, Photovoltaik-Anlagen, Generatoren oder gar Kernkraftwerke bauen zu können? Deswegen hat die Natur, respektive Gott, uns sehr viele Möglichkeiten und viele Zwischenstufen geschenkt, auf denen wir den Umgang mit Energien und ihrer Gewinnung Schritt für Schritt erlernen konnten. Eine wichtige Zwischenstufe war dabei die Energie, die von den Tieren (Kühen, Pferden usw.) vor allem in der Landwirtschaft erbracht wurde. In diesem Kapitel wird aber die Entwicklung der Energienutzung des Feuers näher betrachtet.

Irgendwann in unserer Vorzeit verstand der Mensch, dass Feuer nicht willkürlich erscheint und sich nicht unberechenbar verhält. In dieser Zeit waren wir Menschen bereits körperlich mit den gleichen Fähigkeiten ausgestattet, wie heute. Hätte man ein Kind aus der damaligen Zeit in unsere heutige Gesellschaft gebracht, wäre es wahrscheinlich genauso erfolgreich aufgewachsen, wie unsere heutigen Kinder.

4.1.1 Entdeckung von Holz als Brennstoff

Damals konnten wir Feuer noch nicht selbst erzeugen, sondern wir brauchten natürliche Feuerquellen, wie zum Beispiel einen Blitzeinschlag. Aber wir hatten schnell herausgefunden, wie wir Feuer mit Holz am Leben halten konnten. So haben wir unseren allerersten Brennstoff entdeckt und gelernt, ihn zu nutzen. Gleichzeitig fingen wir unbewusst damit an, CO_2 für unsere Zwecke zu emittieren.

Sozusagen war dies der Startpunkt für unsere heutigen Klimaprobleme.

Dennoch war dieser Entwicklungsschritt für unsere weitere Entwicklung absolut notwendig. Denn nur durch Erhitzen werden Lebensmittel für unseren Körper viel leichter verwertbar und so brauchen wir deutlich weniger Zeit für die Nahrungsaufnahme und Verdauung. Dadurch hatten wir viel mehr freie Zeit für andere Aufgaben. Das Feuer sorgte zudem für mehr Gemeinschaft und Zusammenarbeit. Feuer war wertvoll und bot Licht, Wärme und Schutz. Bis heute sitzen wir gerne am Lagerfeuer, um in Gemeinschaft zu essen und zu trinken und Geschichten auszutauschen.

4.1.2 Entdeckung der Kohle als Brennstoff

Mit der steigenden Lebensqualität stieg aber auch die Anzahl der Menschen und damit deren Energiebedarf. Hätten wir in den letzten paar Jahrhunderten nur Holz als Energielieferant gehabt, hätten wir wahrscheinlich alle unsere Wälder bis heute verheizt (siehe dazu die Beispiele in Kapitel 5.1.2). Aber welcher Energieträger würde den enorm gewachsenen Energiebedarf decken und gleichzeitig so leicht und ungefährlich in der Handhabung sein wie Holz?

Die Natur, respektive Gott, lies uns die Steinkohle entdecken, die alle damaligen Anforderungen erfüllte. Es gab zwar auch Erdöl und Erdgas, aber beides konnte mit den damaligen Mitteln nicht so leicht transportiert werden und beide waren zudem explosiv oder giftig für die Umwelt. Kohle hingegen war völlig ungefährlich, leicht transportierbar und hatte im Vergleich zum Holz eine sehr hohe Konzentration an Energie. Heute wissen wir, dass Kohle hochkonzentrierte Sonnenenergie von vielen Jahrtausenden ist, bei der Holz langsam in Kohle umgewandelt wurde (siehe fossiler Energiekreislauf in Kapitel 3.1.4). Auf einmal hatte man eine enorme Energiequelle zur Verfügung, mit der auch Dampfmaschinen angetrieben werden konnten. Die mobile Form war dann die Dampflok.

4.1.3 Entdeckung von Erdöl und Erdgas

Erst der hohe Energiegehalt der Steinkohle versetzte uns Menschen in die Lage, dass wir Eisen im großen Maßstab gewinnen und zu Stahl verarbeiten konnten. Nur so konnten wir Rohre und Gefäße bauen, die Erdöl und Erdgas sicher transportieren und aufbewahren können. Und wir konnten mit Hilfe dieser Rohre und Gefäße chemische Anlagen entwickeln, die bedeutende Rohstoffe aus Erdöl gewinnen konnten, auf denen unsere heutige gesamte technische Welt basiert. Raffinerien liefern Benzin, Diesel, Kerosin und die Rohstoffe für Plastik, Farben, Medikamente und viele weitere Produkte. Erdöl ist mit Sicherheit einer der größten Wunderstoffe, den uns die Natur, respektive Gott, geschenkt hat. Mit Erdöl laufen leistungsstarke Motoren. Es versetzt uns in die Lage, zu fliegen und die Länder und Menschen untereinander zu verbinden. Es ist in der Medizin unentbehrlich und rettet täglich vielen Menschen das Leben und die Gesundheit. Es bringt Farbe in unseren Alltag. Es liefert uns hunderte von verschiedenen Plastiksorten, die für jede nur erdenkliche Situation entwickelt werden können und dabei nur sehr wenig Verschleiß haben. Ob große Kälte oder Hitze, ob hohe mechanische Beanspruchung oder Kontakt mit ätzenden Substanzen, ob elastisch oder starr, ob als Wärmeschutz oder Schutz vor Stromschlag, es gibt quasi für alles die geeigneten Plastiksorten. Ohne Plastik, besser gesagt Erdöl, würde unsere heutige technische Welt nicht funktionieren. Das wird jedem sofort klar, wenn er alles aus seinem Alltag entfernt, das aus Plastik bzw. Erdöl hergestellt wurde.

4.1.4 Entdeckung von elektrischem Strom

Elektrische Ladungen kannten schon die alten Griechen. Sie fanden heraus, dass sich Bernstein beim Reiben mit Kleidungsstücken auflädt und Staub anzieht. Das griechische Wort für Bernstein ist Elektron und damit auch der Namensgeber für das Teilchen Elektron und allgemein für Elektrizität.

Damit die Menschen aber Elektrizität überhaupt nutzen konnten, brauchten sie einen elektrischen Leiter aus Metall, der mit einem nichtleitenden Material umhüllt ist, dass genauso flexibel wie das Metall in ihm ist. Dieses Isoliermaterial besteht aus Gummi oder Plastik, wobei Gummi ebenfalls eine Plastiksorte ist. Ohne die Kohle gäbe es kein Metall als elektrischen Leiter und ohne Erdöl gäbe es kein Plastik als Isolationsmaterial. Wir könnten dann weder elektrischen Strom erzeugen, noch transportieren oder nutzen. Die Entwicklung von Generatoren und Elektromotoren wäre so unmöglich gewesen. Ohne die Kohle wäre es auch nicht möglich gewesen, so große elektrische Energiemengen zu erzeugen, die ganze Länder mit Strom versorgen: die Kohlekraftwerke.

Premiumenergie: Elektrischer Strom wird Premiumenergie genannt, weil er leicht übertragbar ist und ohne Probleme in alle anderen Energiearten leicht umgewandelt werden kann.

4.1.5 Entdeckung der regenerativen Energien

Windkraft und Wasserkraft kennen die Menschen schon sehr lange. Aber sie haben nur die mechanische Kraft zum Getreidemahlen in Mühlen oder zum Sägen von Holz eingesetzt. Der große Durchbruch kam mit der Entdeckung des elektrischen Stroms und der Stromgeneratoren. Es war ein genialer Schritt, die Windkraft und die Wasserkraft mit Stromgeneratoren zu kombinieren. Inzwischen sind aus dieser Kombination und durch viele weitere Verbesserungen und Optimierungen sehr leistungsstarke Kraftwerke geworden, die fossile Kraftwerke ersetzen können.

Albert Einstein hat zudem herausgefunden, dass Sonnenlicht in bestimmten Materialien Elektronen losschlagen kann, die sich dann frei als Strom bewegen können: Der Photoelektrische Effekt, für den er auch den Physik-Nobelpreis bekommen hat, ist die Grundlage von allen Photovoltaik-Anlagen, die inzwischen ebenfalls sehr leistungsstark geworden sind.

An dieser Entwicklung wird schnell deutlich: Ohne die fossilen Energieträger Kohle, Erdöl und Erdgas gäbe es unsere heutige Welt nicht. Der Weg zum Paradies auf Erden führt zwangsläufig über die Nutzung dieser Rohstoffe und die Technologien, die sie als Energieträger nutzen. Und die Natur, die Schöpfung, respektive Gott, stellt uns diese fossilen Energieträger auch zur Verfügung.

Leider haben alle diese Technologien für die Erde auch große Nachteile, wenn sie im größeren Maßstab langfristig eingesetzt werden. Die Natur, respektive Gott, hat zum Glück alle Systeme der Erde mit reichlichen Sicherheitspuffern ausgestattet. Deswegen konnten wir in der Vergangenheit die Erdsysteme vorübergehend stärker belasten, ohne sie global dauerhaft zu schädigen. Diese Sicherheitspuffer bieten normalerweise genügend Zeit bis zum nächsten Entwicklungsschritt. Normalerweise! Aber wir hängen an den fossilen Energieträgern fest.

Seit Anfang des 20. Jahrhunderts werden Kohlekraftwerke und Autos mit Verbrennermotoren im großen Maßstab gebaut. Seit etwa 1990 werden die Folgen der Nutzung von fossilen Energieträgern global spürbarer. 1992 gab es deswegen die erste UN-Klimakonferenz in Rio de Janeiro. Um den Klimawandel zu stoppen, ist der nächste Entwicklungsschritt schon seit über 20 Jahren längst fällig: der vollständige Übergang hin zu den erneuerbaren Energien. Alle Argumente sprechen für diesen Schritt und die Technik ist längst soweit, dass wir ihn ohne Gefahr gehen können. Warum zögern wir also?

Leider wurde bis zur fossilen Energienutzung die Energiegewinnung immer weiter konzentriert und zentralisiert. Es entstanden immer größere und leistungsfähigere Kraftwerke, die neben mehr Strom auch immer höhere Gewinne erzeugten. Dadurch sind viele Menschen reich geworden, haben viel Macht erhalten und können jetzt luxuriöser leben. Dazu zählt insbesondere die Bevölkerung in den Industrienationen.

Die Umstellung auf erneuerbare Energien bringt hingegen vorerst keine weiteren Gewinne, weil sie die vorhandenen und funktionierenden fossilen Technologien Schritt für Schritt ersetzen müssen. Ganz im Gegenteil: Für diesen Umbau sind sehr hohe Investitionskosten notwendig. Das Vermögen verkleinert sich dadurch. Und es wird noch schlimmer: Der Entwicklungsschritt zu den erneuerbaren Energien bedeutet gleichzeitig eine Umkehr von einer zentralen Bündelung der Energieversorgung hin zu einer dezentralen Energieversorgung, weil die einzelnen Anlagen wesentlich kleiner sind und viel weiter verbreitet werden müssen. Zum Beispiel: Jedes Haus erhält seine eigenen Solarzellen und der Hausbesitzer wird so vom Energiekunden zum Energieversorger, der sich selbst versorgen kann. Das reduziert die Macht der Energiekonzerne und sonstiger Profiteure der fossilen Energienutzung.

Verständlicherweise haben Energiekonzerne kein Interesse an einer Umstellung auf erneuerbare Energien, bei denen sie Gewinne und Macht verlieren. Auch die Hausbesitzer haben keine Lust, ihre Heizungen auf erneuerbare Energien umzustellen und ihre Häuser zu dämmen, wenn sich die Kosten nicht schnell amortisieren. Wir haben Angst vor Veränderungen, wenn sie erst mal mit Risiko und Verlust verbunden sind.

Die Umstellung auf erneuerbare Energien unterscheidet sich deutlich von allen anderen bisherigen Entwicklungsschritten. Bisher waren alle energetischen Entwicklungsschritte mit wirtschaftlichem Erfolg und Machtgewinn verbunden. Und diese Zielvorstellung trieb sie voran. Bei dem Entwicklungsschritt hin zu den erneuerbaren Energien stehen jetzt völlig neue Ziele im Vordergrund. Es geht um den Schutz der Umwelt und des Klimas und damit um das Wohl der Menschheit und der Schöpfung insgesamt. Um dieses Ziel zu erreichen, müssen wir auch als Menschheit zusammenarbeiten. Wirtschaftliche Werte und Macht spielen bei diesem Wandel keine Rolle mehr, dafür aber Verantwortung, Mitgefühl, Toleranz, Gemeinschaft und Fairness. Deswegen wird der nächste Entwicklungsschritt mit einem Umdenken, einem Wertewandel und einem Sinneswandel verbunden sein, wenn er erfolgreich sein soll.

4.2 Die Dampfmaschine

Eine der berühmtesten Erklärungen einer Dampfmaschine stammt aus dem Film „Die Feuerzangenbowle“ mit Heinz Rühmann von 1944. Dort erklärt der Physiklehrer Bömmel Folgendes:

„Wat is en Dampfmaschin? Da stelle mer uns janz dumm. Und da sage mer so: En Dampfmaschin, dat ist ene jroße schwarze Raum, der hat hinten un vorn e Loch. Dat eine Loch, dat is de Feuerung. Und dat andere Loch, dat krieje mer später.“

4.2.1 Die einfachste Form einer Dampfmaschine

Die einfachste Form einer Dampfmaschine kann jeder mit einfachsten Mitteln nachbauen. Sie besteht aus einem Ei, das zuvor entleert und teilweise wieder mit Wasser gefüllt wird. Dieses befindet sich auf einem kleinen Boot über einer Kerzenflamme und hat ein Loch für den Druckausgleich zwischen dem Innenraum des Eis („schwarzen Raum“) und der Umgebung:

Die Kerzenflamme erhitzt das Wasser in dem Ei durch die Kalkschale. Das Wasser fängt an zu kochen und verdampft. Dabei dehnt sich das Wasser gewaltig aus und vergrößert sein Volumen um das 22.414-fache (Stichwort: Molares Volumen). Durch das Loch im Ei strömt der Wasserdampf mit hohen Druck nach draußen. Aufgrund der Impulserhaltung bewegen sich dadurch das Ei und das Boot in Richtung des roten Pfeils. Diese Antriebsform kennt man auch als „Impulsantrieb“.

Abbildung 4-1: Einfachste Form einer Dampfmaschine

In diesem Beispiel nutzt der Mensch die Naturgesetze geschickt für seine Zwecke, ohne sie zu ändern. Durch das Loch im Ei wird der ausströmende Wasserdampf in eine Richtung kanalisiert und als Gegenreaktion schwimmt das Boot in die entgegengesetzte Richtung. In der Natur verdampft Wasser auch ohne den Menschen. Aber dann strömt es gleichmäßig in alle Richtungen und die Kräfte heben sich gegenseitig auf. Der Mensch lenkt diese Kraft mit Hilfe des Lochs im Ei in eine Richtung, um die Gegenreaktion als Antrieb zu bekommen. **Dabei wird kein Naturgesetz verletzt.**

Das Großartige an dieser einfachen Form der Dampfmaschine ist, dass sie bereits alle wichtigen Elemente hat, die bei Dampfmaschinen von grundlegender Bedeutung sind:

- **Quelle:** Liefert die notwendige Energie für den Antrieb. *(Kerzenwachs)*
- **Hitze:** Entsteht bei Nutzung der Energiequelle. *(Feuer)*
- **Medium:** Verdampft beim Erhitzen und baut so Druck auf. *(Wasser)*

- **Behälter:** Nimmt den Druck des entstehenden Dampfes auf.*(intakte Eierschale)*
- **Vorrichtung:** Kanalisiert den Dampfdruck und macht ihn so nutzbar. *(Loch im Ei)*
- **Anlage:** Nutzt die Wirkung des Dampfdrucks für einen gewollten Zweck. *(Gestell, das das Ei und das Boot miteinander verbindet)*

Sehr interessant ist auch, dass bei der Dampfmaschine viele Elemente vom Kreislauf vorhanden sind (siehe Kapitel 2.1.2):

- Äußere Energiequelle, die den Kreislauf antreibt: *(Kerzenwachs + Feuer)*
- Medium, das im Kreislauf zirkuliert und seinen Zustand ändert: *(Wasser)*
- Eigenschaft, die transportiert wird: *(Energie und Leistung)*
- Erhöhung der Entropie durch Abgabe von Wärmeenergie: *(Warmer Wasserdampf)*

Allerdings ist der Kreislauf bei der Dampfmaschine nicht geschlossen. Das Wasser wird dem globalen Wasserkreislauf entnommen und ins Ei gefüllt. Am Ende kehrt es als Wasserdampf in den globalen Wasserkreislauf zurück.

Besonders erstaunlich finde ich, dass fast unsere gesamte heutige Energiegewinnung noch immer auf diesem einfachen Modell einer Dampfmaschine basiert. Wir haben lediglich die Effizienz gesteigert und noch die eine oder andere Sicherheitsmaßnahme oder Regelungstechnik integriert. Und wir haben die Leistung der Dampfmaschinen deutlich gesteigert, aber das Grundprinzip der Dampfmaschine ist noch heute für den größten Teil unserer Energieversorgung von Bedeutung. In den folgenden Kapiteln wird das klarer.

4.2.2 Die Dampfmaschine als Kraftwerk

Abbildung 4-2 zeigt schematisch, wie eine Dampfmaschine zur Stromerzeugung eingesetzt wird. Auf der linken Seite finden wir alle Elemente der einfachsten Form einer Dampfmaschine wieder (siehe Kapitel 4.2.1).

Folgende Modifikationen wurden bei dieser Dampfmaschine vorgenommen:

- Die Energiequelle wurde durch große Mengen eines fossilen Brennstoffs (z. B. Kohle) ersetzt.
- Der Druckbehälter ist wesentlich massiver und hält enormen Drucken stand, um eine sehr hohe Leistung erzeugen zu können. Leistung ist dabei Energie pro Zeit.
- Die wichtigste Änderung ist aber, dass der sehr heiße und unter sehr hohem Druck stehende Wasserdampf über eine Leitung durch eine Düse in eine Turbine geleitet wird.
- Die an die Dampfmaschine angeschlossene Anlage besteht aus einer Turbine, die vom Wasserdampf in Rotation versetzt wird und über eine Welle einen Generator zur Stromerzeugung antreibt.

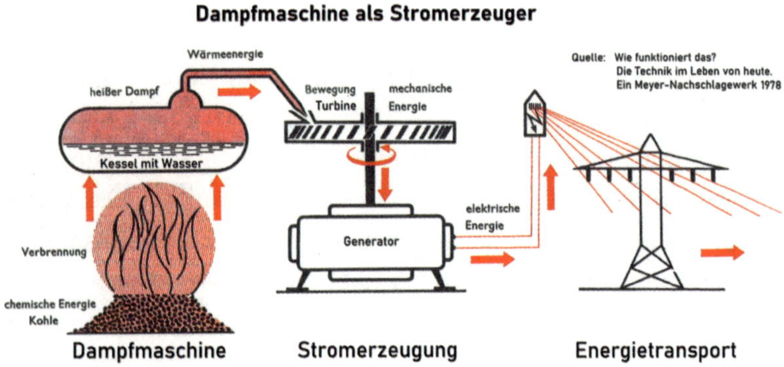

Abbildung 4-2: Dampfmaschine als Stromerzeuger

Das einzige wesentliche Merkmal, worin sich die Dampfmaschine für die Stromerzeugung von der einfachsten Form der Dampfmaschine unterscheidet ist, dass bei ihr der Dampf in eine Turbine geleitet wird, die einen Stromgenerator antreibt. Das war es. Alle anderen Elemente sind in ihrer Funktion gleich geblieben und wurden lediglich immer größer und leistungsfähiger konzipiert.

Alle Großkraftwerke basieren auf der guten alten Dampfmaschine

Egal welche Art von Großkraftwerk vorliegt, egal welchen Brennstoff das Großkraftwerk verwendet, ob Kohle, Öl, Gas, Biogas, Holz, Uran, Tritium oder was auch immer, alle diese Kraftwerke arbeiten auch heute noch auf Basis der guten alten Dampfmaschine.

Fast alle heutigen Großkraftwerke nutzen heißen Dampf, um eine Turbine anzutreiben, die mit dem angeschlossenen Generator Strom erzeugt. Deswegen gilt auch heute noch die schematische Darstellung der Abbildung 4-2. Das Einzige, was sich bei den Kraftwerkstypen ändert, ist die Art der Energie, die das Medium im Kessel aufheizt:

- **Kohlekraftwerk:** Ob Braunkohle, Steinkohle, Torf oder Holz, ein fester, chemischer Brennstoff wird verbrannt. Bei diesem Prozess wird sehr viel CO_2 freigesetzt.
- **Ölkraftwerk:** Ob Heizöl, Erdöl oder schwere Öle, ein flüssiger, chemischer Brennstoff wird verbrannt. Bei diesem Prozess wird sehr viel CO_2 freigesetzt.
- **Gaskraftwerk:** Ob Erdgas, Methan, Wasserstoff oder Biogas, ein gasförmiger, chemischer Brennstoff wird verbrannt. Bei diesem Prozess wird CO_2 freigesetzt.
- **Müllkraftwerk:** Ob Plastikmüll, Papier, Holzabfälle oder andere brennbare Materialien, der Müll wird verbrannt und mit der Abwärme wird das Medium im Kessel erhitzt. Bei diesem Prozess wird ebenfalls viel CO_2 freigesetzt.

- **Kernkraftwerk:** Hier befinden sich Brennstäbe wie Tauchsieder im Medium und erhitzen es direkt über die Kernspaltung von schweren Elementen wie Uran. Hierbei entsteht kein CO_2, dafür aber hochradioaktive Abfälle.

Mit anderen Worten: Im Bereich der Großkraftwerke wurden in den letzten 100 Jahren keine wirklich neuen Technologien erfunden, um Strom zu erzeugen. Nur die Art der Dampferzeugung hat sich geändert.

4.2.2.1 Das Blockheizkraftwerk

Die effizienteste Dampfmaschine mit dem höchsten Wirkungsgrad ist das Blockheizkraftwerk. Es erzeugt Strom und liefert gleichzeitig Wärme für die an das Fernwärmenetz angeschlossenen Haushalte. Diese brauchen deswegen keine eigenständige Heizung, weil sie die ansonsten nutzlose Abwärme des Kraftwerks nutzen.

Obwohl die Grafik mit dem Blockheizkraftwerk schon sehr komplex ist, bildet die einfache Dampfmaschine immer noch die Basis für das ganze Konzept. In Abbildung 4-3 erhitzt eine Gasturbine mit den heißen Abgasen das Wasser in den Kreisläufen. Die Komplexität kommt durch die vielen Modifikationen zustande, die die Effizienz des Kraftwerks deutlich erhöhen.

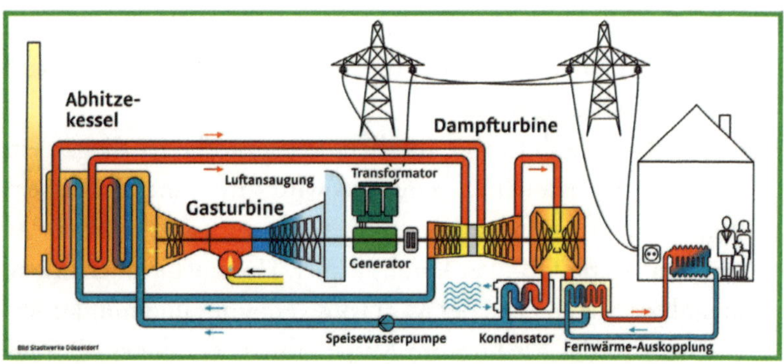

Abbildung 4-3: Die effizienteste Dampfmaschine ist ein Blockheizkraftwerk

4.2.3 Die Dampflok

Zurück zu Physiklehrer Bömmel aus der Feuerzangenbowle:

„Wat tut nu der Dampf? Der Dampf, der drückt auf den Kolben. … Und wenn de jroße schwarze Raum Räder hat, dann es et en Lokomotiv. Vielleicht aber auch en Lokomobil."

Beim Kraftwerk wird der Dampf direkt in eine Turbine geleitet und mit ihr Strom erzeugt. Wenn man aber die Dampfmaschine auf ein Fahrzeug setzt, um dieses mit ihr anzutreiben, dann hat sich der Einsatz eines Kolbens und eines Zylinders durchgesetzt. Das liegt nicht zuletzt daran, dass Turbinen eher für einen gleichmäßigen Betrieb geeignet sind, während Kolben viel besser mit Geschwindigkeitsänderungen klar kommen. Und Fahrzeuge ändern ständig ihre Geschwindigkeit.

Die bekannteste und beliebteste Dampfmaschine auf Rädern ist die Dampflok. In Abbildung 4-4 wird die Funktionsweise einer Dampflok am Beispiel der „ROCKET" von Georg Stephenson dargestellt.

Bei einer Dampflok findet man alle Elemente der einfachen Dampfmaschine (siehe Kapitel 4.2.1) wieder:

- **Energiequelle:** Hauptsächlich Steinkohle (später Öl). Sie wird vom mitgeführten Tender (Anhänger) von einem Heizer in den Ofen geschüppt. Der Ofen wird Feuerbüchse genannt.
- **Hitze:** Steinkohle wird in der Feuerbüchse verbrannt. Die Abgase und die Hitze werden durch viele enge Rohre durch den Kessel Richtung Schornstein geleitet.
- **Medium:** Wasser, das direkt in den Kessel der Dampflok gefüllt wird.
- **Behälter:** Ein großer Kessel mit Wasser gefüllt. Durch das Wasser führen viele enge Rohre, durch die die heißen Abgase strömen. Die hohe Anzahl an Rohren sorgt für eine besonders effiziente Wärmeübertragung auf das Wasser in den Kessel. Das Wasser verdampft und der Druck im Kessel steigt deutlich an.

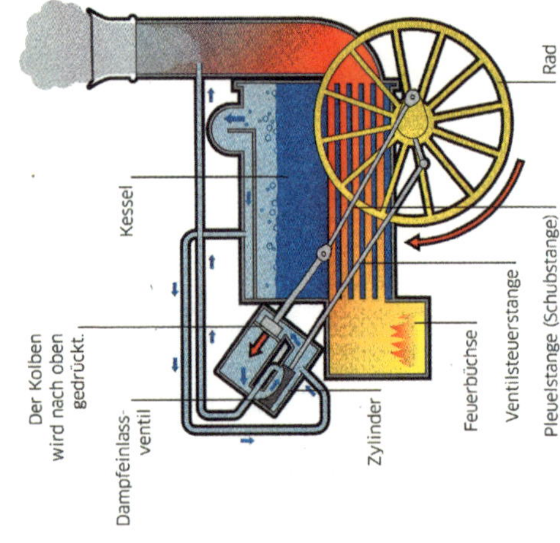

Abbildung 4-4: Funktionsweise einer Dampflok

- **Vorrichtung:** Durch Rohrleitungen wird der Dampf, der sich oben im Kessel sammelt, in Richtung der Anlage geleitet, die den Dampf zum Antrieb nutzt.
- **Anlage:** Der Dampf strömt in einen Zylinder und drückt dort einen Kolben hin und her. Der Kolben wiederum ist mit einer Pleuelstange mit einem Rad der Lok verbunden. Die Pleuelstange überträgt die Kolbenbewegung auf das Rad und treibt es an.

4.2.3.1 Funktionsweise von Kolben und Zylinder

Was im Zylinder mit dem Dampf und Kolben passiert, ist so wichtig für das Verständnis, dass er in der Mitte der Abbildung 4-4 nochmal gesondert dargestellt ist und hier genauer erklärt wird. Die blauen Pfeile zeigen dabei den Weg des Wasserdampfes an und der rote Pfeil zeigt den Weg des Kolbens an.

Im Zylinder sind der Kolben und vor allem das Dampfeinlassventil von großer Bedeutung: Ihre Positionen unterscheiden sich in der oberen und unteren Grafik (Abbildung 4-4 Mitte). Der Dampf fließt immer über das gleiche Rohr vom Kessel in den Zylinder und über das andere gleiche Rohr vom Zylinder in den Schornstein. Das Dampfeinlassventil steuert durch seine Position, auf welche Seite der Dampf auf den Kolben im Zylinder trifft und welche Seite den verbrauchten Dampf Richtung Schornstein schiebt. Es lohnt sich, die beiden Grafiken genau anzuschauen und die blauen Pfeile zu beachten. Die Grafiken zeigen zwei wichtige Ausschnitte aus dem Kreislauf, den der Kolben bei einem Radumlauf absolviert:

Oberer Umkehrpunkt des Kolbens:

Das Dampfeinlassventil ist unten, so dass der Dampf aus dem Kessel oben auf den Kolben trifft. Er schiebt den Kolben dann kraftvoll nach unten und mit ihm die Pleuelstange. Dabei wird der Dampf im unteren Bereich des Zylinders Richtung Schornstein hinausgeschoben. Die Pleuelstange schiebt das Rad nach vorne und lässt die Lok fahren. Das Rad bewegt auch die Ventilsteuerstange. Wenn der Kolben sich dem unteren Umkehrpunkt nähert, schiebt die Ventilsteuerstange das Dampfeinlassventil nach oben. Das ist in der unteren Grafik dargestellt.

Unterer Umkehrpunkt des Kolbens:
Die neue Stellung des Dampfeinlassventils ändert die Richtung des vom Kessel einströmenden Dampfes auf die untere Seite des Kolbens. Der Dampf schiebt jetzt den Kolben kraftvoll nach oben. Auf der anderen Seite des Kolbens (oben) schiebt der Kolben den dort verbrauchten Dampf jetzt Richtung Schornstein nach draußen. Gleichzeitig zieht er die Pleuelstange mit, die am Rad zieht und es in die gleiche Richtung weiter antreibt. Das Rad bewegt die Ventilsteuerstange, wenn sich der Kolben dem oberen Umkehrpunkt nähert und schiebt das Dampfeinlassventil wieder nach unten. Dann beginnt der nächste Kreislauf.

Jedes Mal, wenn das Dampfeinlassventil seine Richtung ändert, schießt der Wasserdampf an der Auslassstelle mit dem verbleibenden Überdruck in den Schornstein nach draußen und macht dabei das typische Geräusch einer Dampflok. Die einzelnen Umläufe sind also sehr gut zu hören und als weiße Dampfwolke, die dabei herauspufft, gut sichtbar. Die schwarze Wolke besteht aus den Rückständen der Verbrennung von Steinkohle: Asche, Ruß, CO_2 … Mit dem weißen Wasserdampf wird die Wolke grau.

4.2.4 Der Verbrennungsmotor

Jetzt denken wahrscheinlich viele, warum beschäftigt sich das vorhergehende Kapitel 4.2.3 mit der Funktionsweise einer Dampflok, die völlig veraltet ist und heute kaum noch im Einsatz ist. Heute fahren fast alle Autos und LKWs mit Verbrennungsmotoren, in denen Benzin, Diesel oder Gas verbrannt werden.

Aber wie wir in diesem Kapitel sehen werden, ist auch der Verbrennungsmotor nur eine Dampfmaschine mit Zylinder, an der allerdings erhebliche Verbesserungen stattgefunden haben. Diese Verbesserungen sparen sehr viel Material, Ressourcen und Energie ein. Der Motor wird dadurch viel kleiner und wesentlich effizienter. Die maßgeblichen Veränderungen werden im Folgenden näher erklärt.

4.2.4.1 Der Brennstoff wird bei der Verbrennung zum Medium

Bei der Dampfmaschine sind Brennstoff (Steinkohle), Luft (Sauerstoff) und Medium (Wasser) komplett getrennt. Die Kraft kommt dabei aus dem heißen Wasserdampf, einem Gas, das den Kolben antreibt. Die Steinkohle wird mit der Luft verbrannt und die dabei entstehende Hitze verdampft das Wasser im Kessel. Der dabei entstehende Wasserdampf erzeugt den nötigen Druck, um die Kolben im Zylinder anzutreiben.

Auf der Suche nach anderen Brennstoffen haben Forscher bei der Verbrennung von flüssigen Brennstoffen, wie zum Beispiel Benzin und Diesel, folgende Beobachtungen gemacht:

- Benzin und Diesel haben einen ähnlich hohen Energieanteil wie Kohle und können sie ersetzen.
- Da die Brennstoffe flüssig sind, lassen sie sich auch wesentlich leichter als Kohle nachfüllen und in den Verbrennungsraum weiterleiten. Das spart viel Zeit und anstrengende Arbeit.
- Die wichtigste Erkenntnis ist aber, dass bei der Verbrennung eines flüssigen Brennstoffes überwiegend nur gasförmige Stoffe (Abgase) entstehen. Diese Abgase sind Kohlendioxid und Wasserdampf. Siehe Beispiel Verbrennung von Oktan, Bestandteil von Benzin, in Abbildung 2-6 in Kapitel 2.1.3.

Diese Beobachtungen führen zu folgender Idee: Die Abgase des flüssigen Brennstoffes werden bei der Verbrennung selbst zum Medium, das den Kolben im Zylinder antreibt. Dies hat folgende großen Vorteile:

- Es wird kein zusätzliches Medium (Wasser) mehr benötigt, das neben dem Brennstoff extra getankt und gelagert werden muss. Der flüssige Brennstoff trägt bereits das Medium in sich. Bei der Verbrennung wird es frei und kann zum Antrieb des Kolbens genutzt werden.
- Auch das entstandene Kohlendioxid kann als Medium genutzt werden. Dann treibt nicht nur der Wasserdampf den Kolben an, sondern auch das Kohlendioxid. Bei der bisherigen Dampfmaschine wird das Kohlendioxid nutzlos als Abgas durch den Schornstein geblasen. Durch die Nutzung des CO_2 steigt die Effizienz des Motors und spart Energie bei gleicher Leistung.

4.2.4.2 Zylinder, Verbrennungsraum/Feuerbüchse und Kessel werden zusammengelegt

Wenn man flüssigen Brennstoff mit Luft (Sauerstoff) vermischt, dieses Gemisch in einen Zylinder leitet und dort verbrennt, wird der Innenraum des Zylinders gleichzeitig zum Verbrennungsraum, zum Kessel und zum Arbeitsraum für den Dampf. Denn bei der Verbrennung entstehen Wasserdampf, der sonst im Kessel erzeugt wird, und andere heiße Gase wie CO_2. Der Wasserdampf und die heißen Abgase expandieren und schieben den Kolben nach außen weg.

Bei der Umsetzung dieser Idee ergeben sich sehr viele technische Änderungen an der Dampfmaschine, die sie wesentlich effizienter, sparsamer und kleiner machen:

- Es wird kein Extraraum für die Verbrennung benötigt. Die Feuerbüchse entfällt.
- Es wird kein Extraraum für die Verdampfung von Wasser benötigt. Der Kessel entfällt.
- Es werden keine Rohre für die Durchleitung der Hitze durch den Kessel benötigt, um die Übertragung der Wärme auf das Wasser im Kessel zu vergrößern.
- Es werden keine Rohre als Zuleitung für den heißen Wasserdampf vom Kessel zu den Zylindern benötigt. Die Rohre entfallen.

- Die Feuerbüchse und insbesondere der Kessel benötigen ein sehr großes Volumen. Der Zylinder hingegen braucht nur einen kleinen Arbeitsraum (Hubraum). Der benötigte Raum wird also kleiner.
- Wenn jetzt statt zwei Zylinder mehrere Zylinder verwendet werden, können die einzelnen Zylinder auch kleiner gebaut und platzsparend angeordnet werden (V-Motor, Boxer-Motor).
- Auf diese Weise werden nur kleine Pleuelstangen und Ventilsteuerstangen benötigt.

Durch alle diese Maßnahmen werden sehr viel Material und Ressourcen eingespart. Dies wird leicht deutlich, wenn man eine Dampflok mit einem heutigen LKW vergleicht. Während die Dampflok fast nur aus einer Dampfmaschine besteht, beansprucht der LKW-Motor einen kleineren Teil des LKWs. Außerdem sind die Wärmeverluste wesentlich geringer und die Energie kann wesentlich effizienter genutzt werden.

4.2.4.3 Der neue Motor und seine Funktionsweise

In Abbildung 4-5 ist das Ergebnis der modifizierten Dampfmaschine im Querschnitt durch einen Zylinder in vier verschiedenen Phasen zu sehen. In der linken Abbildung sind alle wichtigen Teile der neuen Anordnung beschriftet. Folgende Modifizierungen sind beim Motor gegenüber der Dampflok (Abbildung 4-4) realisiert:

- Feuerbüchse, Kessel und Zylinder sind jetzt im Inneren des Zylinders als Hubraum vereint.
- Das Dampfeinlassventil ist durch ein Einlass- und ein Auslass-Ventil ersetzt worden.
- Die Pleuelstange treibt nicht direkt ein Rad an, sondern eine Kurbelwelle, die die Kraft von vielen Zylindern aufnehmen kann und diese an die Antriebsräder weiterleitet.
- Die Ventilsteuerstange ist durch die Nockenwelle ersetzt worden, die die Einlass- und Auslass-Ventile zu genau definierten

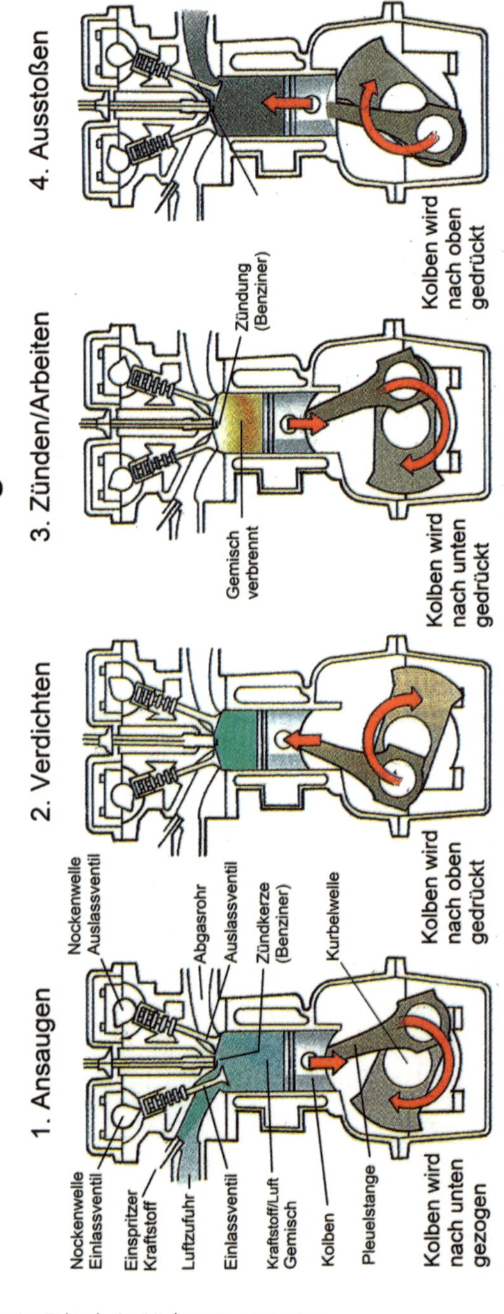

Abbildung 4-5: Vier Takte beim Verbrennungsmotor

Zeitpunkten öffnet und schließt. Die Nockenwelle wird über einen Zahnriemen direkt mit der Kurbelwelle verbunden (wie das Rad mit dem Dampfeinlassventil bei der Dampflok).

Der am meisten eingesetzte Kreislauf besteht beim Verbrennungsmotor aus vier Takten:

- **1. Takt: Ansaugen**
  Mit ihrem Schwung zieht die Kurbelwelle den Kolben über die Pleuelstange nach unten und das Einlassventil öffnet sich. Das Kraftstoff-Luft-Gemisch wird in den Zylinder hineingesaugt.
- **2. Takt: Verdichten**
  Wenn der Kolben den unteren Umkehrpunkt im Zylinder erreicht, wird das Einlassventil geschlossen und die Kurbelwelle schiebt den Kolben über die Pleuelstange nach oben. Das Kraftstoff-Luft-Gemisch wird dabei stark komprimiert und heizt sich immer weiter auf, bis der obere Umkehrpunkt des Kolbens erreicht ist.
- **3. Takt: Zünden/Arbeiten**
  Beim Benziner wird jetzt ein elektrischer Zündfunke ausgelöst, der das Gemisch explodieren lässt. Beim Diesel reicht die Kompressionshitze für die Zündung aus. Durch die Explosion wird der Kolben kraftvoll nach unten gepresst und treibt über die Pleuelstange die Kurbelwelle kraftvoll an. Das bei der Explosion entstandene Abgas expandiert weiter und schiebt den Kolben weiter nach unten. Erreicht der Kolben den unteren Umkehrpunkt, öffnet sich das Auslassventil.
- **4. Takt: Ausstoßen**
  Der Schwung der Kurbelwelle schiebt den Kolben über die Pleuelstange wieder nach oben. Dabei schiebt er die Abgase durch das geöffnete Abgasrohr nach außen. Erreicht der Kolben den oberen Umkehrpunkt, dann schließt sich das Auslassventil. Und der Kreislauf startet erneut beim 1. Takt.

4.2.4.4 Kreislauf beim Verbrennungsmotor

Bei einem Verbrennungsmotor findet man alle Elemente der einfachen Dampfmaschine (siehe Kapitel 4.2.1):

- **Energiequelle:** Benzin, Diesel oder Gas, die aus Erdöl bzw. Erdgas gewonnen werden.
- **Hitze:** Die Hitze entsteht im Zylinder, wo die Energiequelle mit Luft verbrannt wird.
- **Medium:** Die Abgase der Verbrennung (H_2O und CO_2) werden zum Medium.
- **Behälter:** Der Zylinder. Er ist Verbrennungsraum, Kessel und Arbeitsraum zugleich.
- **Vorrichtung:** Kurze Zuleitungen für das Kraftstoffgemisch und kurze Abgasleitungen für die Verbrennungsrückstände.
- **Anlage:** Die Abgase schieben einen Kolben im Zylinder. Mehr siehe Kapitel 4.2.4.3.

Anmerkungen:

Der Verbrennungsmotor ist nichts anderes als eine hocheffiziente, weiterentwickelte Dampfmaschine. Seit James Watt im Jahr 1769 die Dampfmaschine präsentierte, gab es bis heute nur eine wirklich neue Antriebstechnik: den Elektromotor. Aber auch diese Entwicklung fand schon um das Jahr 1830 statt.

Der Verbrennungsmotor ist heute bestens verstanden, aber die Technik ist inzwischen ausgereizt und es gibt kaum noch Verbesserungsmöglichkeiten. Die heutigen Verbrennungsmotoren sind somit die effizientesten Dampfmaschinen, die es bisher gab. Gewaltige Fortschritte sind nicht mehr zu erwarten.

Der Verbrennungsmotor wäre der perfekte Kreislauf. Aber er scheitert an der Regenerationszeit. Benzin und Diesel sind die kompaktesten Energiequellen mit der höchsten Leistung, die wir kennen. In ihrem Rohstoff (das Erdöl) sind mehreren Millionen Jahren Sonnenenergie konzentriert. Leider wird bei ihrer Verbrennung auch das in mehreren Millionen Jahren gespeicherte CO_2

wieder frei und gelangt in die Atmosphäre. Heute verbrennt die Menschheit in einem Jahr so viel Erdöl und Erdgas, wie in einer Million Jahren entstanden sind und eben soviel zusätzliches (anthropogenes) CO_2.

4.3 Die Wärmepumpe und der Kühlschrank

Weil die Wärmepumpe derzeit überall Thema ist und sie eine grundlegende und effektive Erfindung ist, werfen wir hier einen technischen Blick auf sie. Um es spannend zu machen: Die Wärmepumpe ist eine der am erfolgreichsten und weitesten verbreiteten technischen Anlagen, die jemals erfunden wurde. Alle Haushalte haben mindestens eine Wärmepumpe schon lange im Einsatz: Es ist der Kühlschrank.

Die physikalischen Grundlagen sind relativ einfach: Wenn ein Gas, zum Beispiel Luft, (schnell) komprimiert wird, wird das Gas heiß. Beim Aufpumpen eines Fahrradreifens wird zum Beispiel das Ventil und die Pumpe sehr warm. Wenn ein Gas, das unter hohen Druck steht, entspannt wird (ausströmt), wird es sehr kalt. Zum Beispiel wird eine Gasflasche bei Gebrauch sehr kalt.

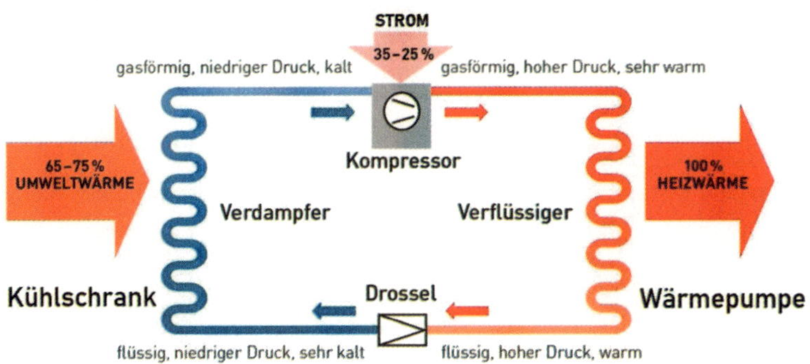

Abbildung 4-6: Kühlschrank und Wärmepumpe

- 1. Schritt: Ein kaltes und gasförmiges Medium mit niedrigen Druck wird von einem Kompressor stark verdichtet. Dabei wird es sehr warm, bleibt gasförmig, steht aber unter sehr hohem Druck.
- 2. Schritt: Im Verflüssiger (geschlängeltes Rohr), gibt das Medium seine Wärme an die Umgebung ab. Es kühlt sich ab bis es flüssig wird, aber immer noch unter hohem Druck steht.
- 3. Schritt: Das flüssige Medium passiert jetzt eine Drossel, die den Druck des Mediums reduziert. Dabei expandiert das flüssige Medium und wird durch die Expansion sehr kalt.
- 4. Schritt: Im Verdampfer (geschlängeltes Rohr), nimmt das Medium Wärme aus der Umwelt auf. Das Medium wird immer wärmer und verdampft. Dann geht es im Kompressor (1. Schritt) weiter.

Der Verdampfer entzieht der Umgebung Wärme. Diesen Effekt nutzen wir im Inneren eines Kühlschranks. Der Verflüssiger gibt die vom Verdampfer aufgenommene Wärme an seine Umgebung ab. Diesen Effekt nutzen wir bei der Wärmepumpe, die unser Haus heizt. Je mehr Wärme wir der Umwelt entziehen können, desto weniger fossile Energie brauchen wir zum Heizen. Heutige Wärmepumpen können bis zu 80% ihrer Wärme aus der Umgebung gewinnen und senken dadurch den Energieverbrauch auf bis zu 20%

5. Einfluss des Menschen auf Nachhaltigkeit und Kreisläufe

Weil die Erde ein geschlossenes System ist, kann es auf der Erde nur geschlossene Kreisläufe geben. Und diese Kreisläufe sind auf sehr lange Zeitskalen (viele Millionen Jahre) gesehen immer nachhaltig.

Dennoch kann der Mensch oder ein heftiges, plötzliches Ereignis (z. B. Kometeneinschlag, Vulkanausbruch) die Kreisläufe so stark verändern, dass sie unterbrochen werden und nicht mehr nachhaltig sind. Aber die Natur passt sich den neuen Gegebenheiten stets an und schafft neue Kreisläufe oder stellt die vorhandenen auf die neue Situation um. Die Natur folgt dabei nie einer konkreten Zielsetzung, sondern nur den Naturgesetzen, so wie sie zum Beispiel in Kapitel 2 zum Teil erläutert werden.

Wir Menschen hingegen greifen mit unserer Willenskraft in diese Kreisläufe ein und verändern sie nach unseren Zielvorstellungen. Meistens geht es uns dabei um mehr Sicherheit, Bequemlichkeit, Wohlstand und Macht. Welche weitreichenden Folgen und Konsequenzen mit diesen Eingriffen verbunden sind, war uns früher kaum bewusst. Es gab nur sehr wenige Menschen und die Folgen waren fast immer lokal begrenzt. Und für die lokalen Probleme haben wir immer Lösungen gefunden.

Beispiel Auto

Das Auto wurde als schnelles und bequemes Transportmittel entwickelt. Dass die Abgase des Motors stinken und giftig sind, war vorerst kein Problem, weil sie sich mit der Umgebungsluft verdünnen. Erst als die Autos sehr zahlreich durch die Städte fuhren und es lokal zum gefährlichen Smog kam, wurde das Problem ernstgenommen.

Der Katalysator und der Partikelfilter wurden entwickelt, die heute die Abgase weitestgehend reinigen. Das CO_2 hingegen kann nicht aus den Abgasen entfernt werden. Das ist auch nicht schlimm, weil das CO_2 lokal keine Bedrohung für die Gesundheit der Menschen ist.

Dank jahrzehntelanger Forschung kennen wir die Konsequenzen, die unsere Eingriffe in der Natur haben, sehr genau. Heute können wir uns nicht mehr auf Unkenntnis berufen. Wir kennen alle großen Probleme, die sich ergeben, wenn wir unseren Willen in der Natur ja sogar gegen die Natur durchsetzen. Trotzdem ordnen wir unsere Ziele wesentlich höher ein als die Folgen, die sich für die Natur ergeben. Wir stellen unsere menschlichen Gesetze über die Naturgesetze, um schnelle und sehr kurzfristige Gewinne zu erwirtschaften.

Für spirituelle und religiöse Leute ist das gleichbedeutend damit, dass der Mensch seine Gesetze und Regeln über die Gesetze von Gott stellt. Die Naturgesetze gelten universell und seit Anbeginn an. Die Gesetze der Menschen gibt es erst seit wenigen tausend Jahren. Wir brauchen keinen drohenden Gott um zu verstehen, dass das nicht gut gehen kann. Wenn sich Naturgesetze dem Willen von Geschöpfen beugen, dann gibt es keine verlässliche Lebensgrundlage mehr. Naturgesetze wären dann bedeutungslos und das unberechenbare Chaos würde herrschen. Es wäre auch sehr vermessen, warum sich die Naturgesetze im ganzen Universum ausgerechnet dem Willen eines kleinen Wesens auf einem winzigen Planeten im Nirgendwo, anpassen sollen. Genauso ist es falsch, dass wenn wir die Folgen unserer Missachtung der Naturgesetze spüren, Gott dafür verantwortlich machen: „Wie kann Gott das nur zulassen!".

Um dies besser zu verstehen, werden nachfolgend einige Konsequenzen, die unser Handeln für die Umwelt und die Nachhaltigkeit hat, exemplarisch dargestellt.

5.1 Erweiterter Holzkreislauf

In Kapitel 3.1.2 ist der natürliche Holzkreislauf erläutert, der sich in Abbildung 5-1 auf der rechten Seite befindet. Auf der linken Seite der Abbildung ist die Erweiterung mit dem Holznutzkreislauf des Menschen zu sehen. Jetzt gibt es zwei konkurrierende Holzkreisläufe, die parallel ablaufen.

Der Menschen verwendet Holz als Rohstoff zum Bau von Möbel, für die Herstellung von Papier, zum Bau von Häusern und als Brennstoff zum Heizen. Am Ende landet fast das komplette Holz in der Verbrennung zur Energieerzeugung. Die Asche liefert die vom Holz zuvor aufgenommenen Mineralien zurück. Der Kohlenstoff gelangt in Form von Kohlendioxid (CO_2) in die Luft und erreicht andere (neue) Bäume, die es wieder in Holz verwandeln und speichern.

5.1.1 Zusätzlich benötigte Energien für den Antrieb

Wenn nur das reine Holz betrachtet wird, ist der menschliche Holznutzkreislauf genauso nachhaltig wie der natürliche Holzkreislauf. Aber der Mensch bearbeitet und verarbeitet das Holz. Somit ist die Sonne nicht die einzige Energiequelle für den Antrieb dieses Kreislaufes.

Es wird Energie für die Holzernte, die Holzverarbeitung, den Holztransport und die Holzpflege benötigt. Am Ende muss das Holz zerlegt und wieder transportiert werden, bevor es thermisch verwertet wird. Damit ist wesentlich mehr Energie für den menschlichen Holznutzkreislauf nötig als für den natürlichen Holzkreislauf.

Für die Nachhaltigkeit ist entscheidend, woher die zusätzliche Energie kommt. Stammt sie aus regenerativen Energien, dann ist der Holznutzkreislauf nachhaltig. Stammt sie aber aus fossilen Energieträgern oder aus der Kernenergie, dann nutzen wir Energiere-

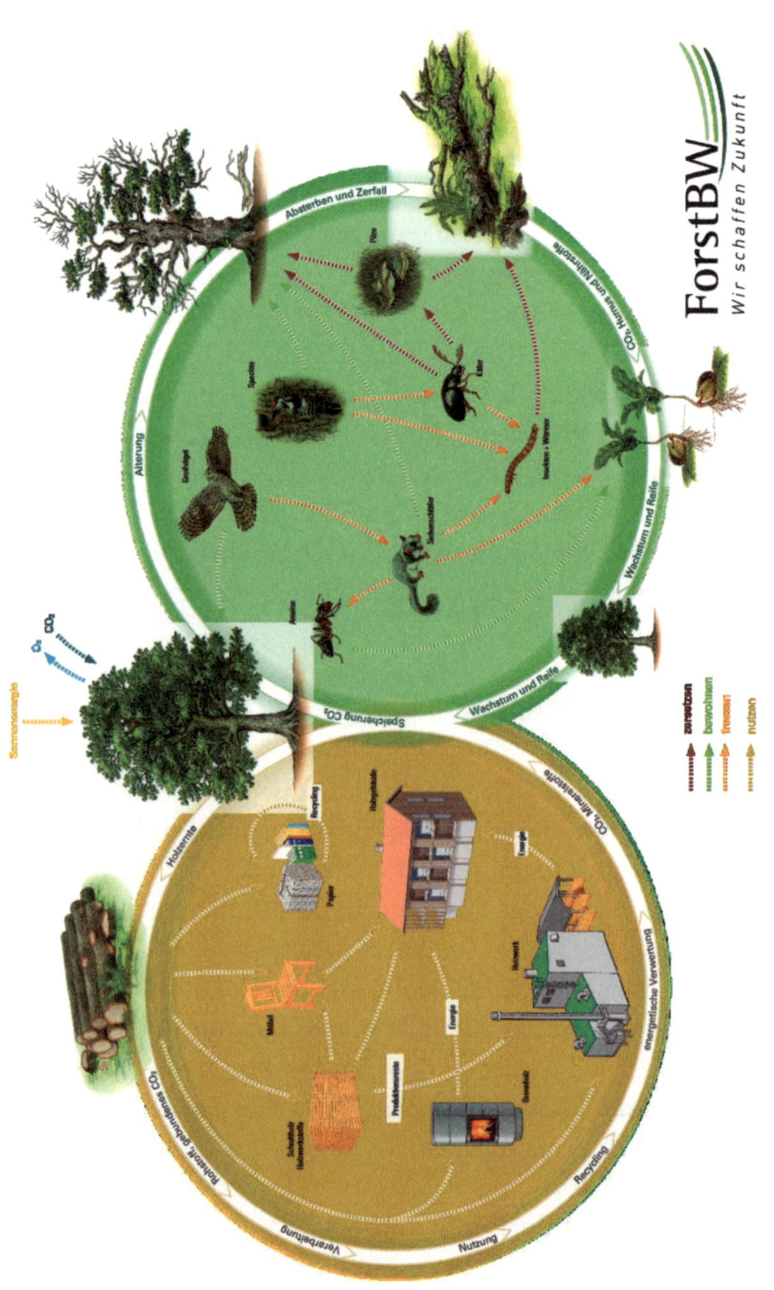

Abbildung 5-1: Erweiterter Holzkreislauf

serven, die wesentlich schneller verbraucht werden, als sie von der Natur regeneriert werden können (siehe Kapitel 5.3). Hier ist die Nachhaltigkeit nicht mehr gegeben.

5.1.2 Verstoß gegen die Regenerationszeiten

Holz ist ein äußerst begehrter Rohstoff und der Mensch übernutzt deswegen die Wälder. Er erntet wesentlich mehr Holz, als in den Wäldern nachwachsen kann. Auf diese Weise verschwinden unsere Wälder.

Beispiel Neuseeland
In Abbildung 5-2 ist dieser Effekt am Beispiel von Neuseeland dargestellt. Bis zum Jahr 1280 gab es in Neuseeland noch keine Menschen. Die Insel war zu 85 % mit Urwald bedeckt. Die anderen 15 % waren Hochgebirgszonen der Südalpen und die Vulkanregionen. Dann kamen die ersten Menschen aus Polynesien nach Neuseeland. In Abbildung 5-2 sieht man, dass schon diese Ureinwohner (Maoris) einen so hohen Holzbedarf hatten, dass sie noch vor der Ankunft der ersten Europäer die einheimischen Wälder um 32 % abgeholzt haben. Sie brauchten wesentlich mehr Holz, als nachwachsen konnte. 1840 erreichten die ersten Europäer Neuseeland und nutzten es als Exportland für landwirtschaftliche Produkte. Die Urwaldflächen reduzierten sich dadurch nochmals um ca. 30 %. Um der kompletten Abholzung entgegenzuwirken, wurden allerdings 6 % der vorherigen Urwaldflächen durch Forste ersetzt.

Beispiel Antike (Römer)
Der komplette Mittelmeerraum war einst bewaldet. Die Römer der Antike brauchten aber so viel Holz für ihre Kriegsmarine, Forts und Häuser, dass sie im Prinzip den kompletten Mittelmeerraum abgeholzt haben. Bis heute sind die Wälder in dieser Region weitestgehend verschwunden. Die Natur hat aber neue Kreisläufe erschaffen, die heute als mediterranes Klima zusammengefasst werden.

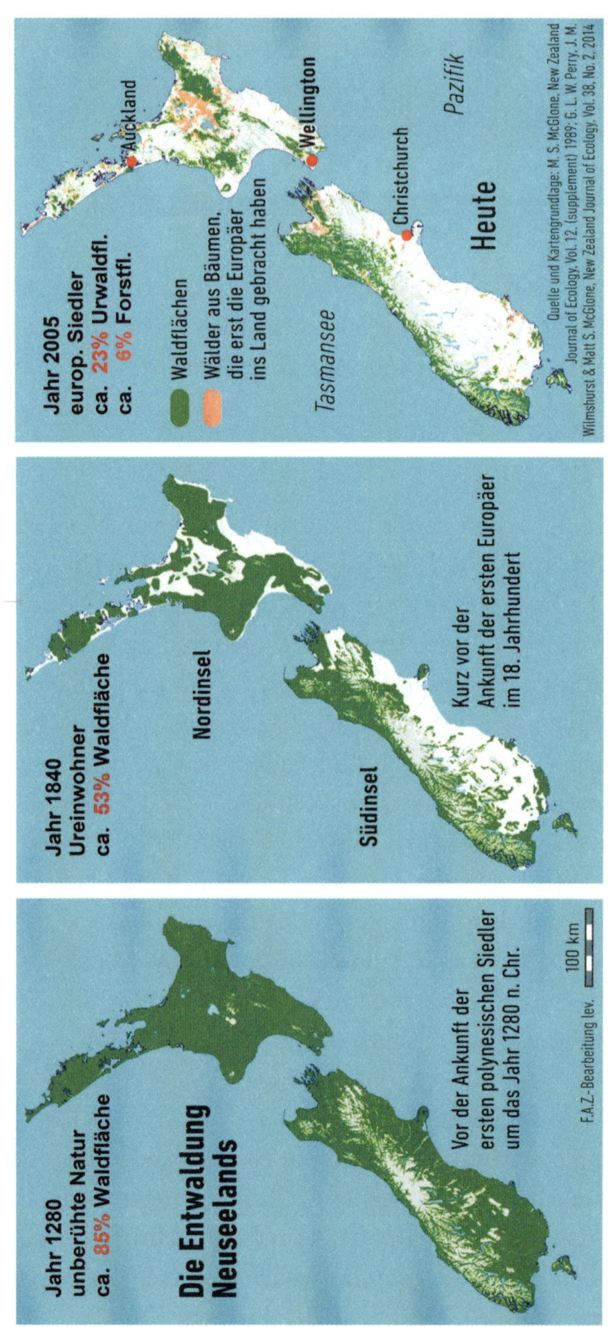

Abbildung 5-2: Entwaldung Neuseelands durch Übernutzung der Wälder

Beispiel Germanen

Vor allem die alten Germanen verhielten sich nachhaltig. Sie respektierten die Wälder und haben immer wieder die Bäume, die sie dem Wald als Rohstoff entnommen haben, sofort wieder nachgepflanzt. Dabei haben sie stets darauf geachtet, dass sie nicht mehr Holz entnehmen, als im Wald nachwächst. Nur deswegen haben wir in Deutschland auch heute noch ausgeprägte Wälder. Aber bleibt das so?

Heute sind wir so stark auf kurzfristige wirtschaftliche Gewinne geprägt, dass wir auf die Regeneration von Wäldern verzichten, weil es zu teuer ist. Siehe dazu vor allem das Kapitel 5.2. Vor unserer eigenen Haustür achten wir vielleicht noch auf intakte Wälder und forsten sie wieder auf. Das gilt aber nicht mehr für weiter entfernte Wälder außerhalb Deutschlands, wie zum Beispiel den Regenwäldern in den Tropen und vor allem den borealen Wälder Sibiriens und Kanadas. Die borealen Wälder liefern uns billiges Brennholz in Form von Holzpellets und billigem Bauholz. Eine Wiederaufforstung kostet Geld und die Holzpreise steigen. Der Gedanke an den Umweltschutz zählt bei den meisten Menschen über größere Distanz hinweg nichts mehr.

Leider werden wir auch in Deutschland den Gedanken an die Nachhaltigkeit spätestens dann opfern und die Wälder plündern, wenn wir einen Energieengpass haben und die Energiekosten explodieren. Der Krieg in der Ukraine zeigt uns, dass ein solches Szenario nicht unwahrscheinlich ist. Sehr viele Leute haben Kamine installiert, um mit dem vermeintlich billigen Holz zu heizen. Die steigende Nachfrage wird auch hier die Preise steigen lassen. Es ist nicht unwahrscheinlich, dass viele von uns das verbliebene Holz unserer Wälder als Brennholz nutzen. Und der sehr hohe Energiebedarf wird ein ausgleichendes Nachwachsen übertreffen.

5.1.3 Einfluss von Klimaveränderungen

Der durch den Menschen verursachte Klimawandel sorgt für eine Erhöhung der mittleren globalen Temperatur. Dadurch wird es auch bei uns zunehmend heißer und trockener. Das hinterlässt auch Spuren in unseren Wäldern und führt zu starken Veränderungen im Kreislauf des Waldes:

Von 2018 bis 2021 hat es in Deutschland eine ungewöhnliche Trockenheit gegeben. Wegen der Dürre litten vor allem die Wälder in Ostwestfalen-Lippe (OWL), im Sauerland und im Harz unter der Trockenheit. Der Borkenkäfer hatte durch die Trockenheit und die Monokulturen ideale Lebensbedingungen und breitete sich massiv in den Nadelwäldern aus. Wegen der fehlenden Feuchtigkeit konnten die Bäume den Borkenkäfer nicht durch „Einharzen" bekämpfen und einige starke Stürme gaben dem Wald den Rest.

Der Nadelwald ist in OWL, im Sauerland und im Harz vorerst Geschichte. Die Forstwirte haben sehr hohe Verluste, da das befallene Holz nahezu unbrauchbar ist. Die Finanzierung der Wiederaufforstung ist offen. Damit ist hier der menschliche Holznutzkreislauf vorerst unterbrochen und die Nachhaltigkeit nicht mehr gegeben. Es wird viele Jahrzehnte dauern, bis hier wieder ein ordentlicher Wald nachgewachsen ist. Eigentlich sind das ideale Bedingungen, um diese Regionen der Natur zu überlassen, damit sie selbst neue

Abbildung 5-3: Wald des Eggegebirges (OWL) vor der Trockenheit (2015) und danach (2021)

und angepasste Kreisläufe etablieren kann. Das sind ideale Voraussetzungen für Nationalparks.

5.2 Nutzung des Regenwalds durch den Menschen

Der tropische Regenwald ist ein artenreicher, reichhaltiger und autarker Lebensraum, der ein geschlossenes System darstellt (siehe Kapitel 3.1.3). Er bietet Leben an einer Stelle, wo sonst eher Wüste vorliegen würde.
Für den menschlichen Ureinwohner bietet der Regenwald viel:

- Holz als Rohstoff zum Bauen, für Werkzeuge und als Brennstoff (z. B. zum Kochen).
- Fruchtbare Anbauflächen für Obst und Gemüse.
- Tiere als zusätzliche Lebensmittelquelle, die gejagt werden können.
- Unzählige Pflanzen und Tiere, die gesundheitlich und medizinisch unschätzbar viele Vorteile bieten.
- Schutz vor intensiver Sonneneinstrahlung und Hitze, sowie üppige Versorgung mit Trinkwasser.

Die menschlichen Ureinwohner der Regenwälder nutzen diese Vorteile sehr nachhaltig. Sie roden nur kleine Flächen (z. B. durch Brandrodung), bauen dort 1-3 Jahre ihr Obst und Gemüse an und überlassen danach die Flächen wieder dem Urwald zur Regeneration. Außerdem jagen sie Tiere in ihrer Umgebung als zusätzliche Nahrungsquelle. Weil die Ureinwohner im Regenwald leben, sind sie selbst Teil des Ökosystems Regenwald. Das ist insofern wichtig, weil damit auch ihre Hinterlassenschaften im Regenwald verbleiben.

Dann erscheint der moderne Mensch, sprich der Homo Oeconomicus aus den Industrienationen. Er erkennt die enormen wirt-

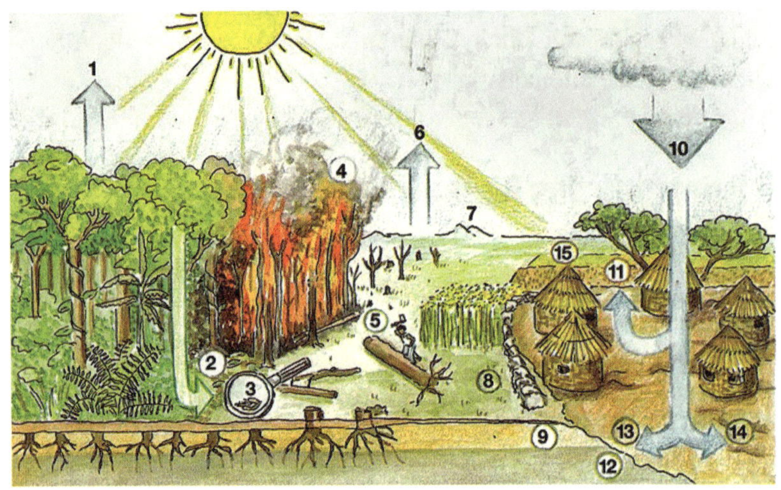

1 Abnahme der Artenvielfalt 2 Weniger abgestorbene Biomasse 3 Tote Mikroorganismen 4 Feuer 5 Rodung 6 Verminderte Transpiration 7 Sonneneinstrahung erreicht Boden direkt 8 Verkürzte Brache 9 Dünner Oberboden 10 Weniger Niederschlag 11 Erhöhte Verdunstung des Niederschlags 12 Geringere Wasserspeicherkapazität 13 Bodenerosion 14 Erhöhter Oberflächenabfluss 15 Ausdehnung der Siedlungsfläche

Abbildung 5-4: Auswirkung der Nutzung des Regenwaldes durch den modernen Menschen

schaftlichen Vorteile, die der Regenwald in Form von Rohstoffen bietet und beginnt, diese im sehr großen Maßstab zu nutzen. Dabei ist er vom Lebensraum Regenwald selbst nicht abhängig. Das hat weitreichende Konsequenzen für diesen Lebensraum.

5.2.1 Straßenbau

Für die industrielle Gewinnung und den Abtransport der Rohstoffe werden schwere und große Maschinen vor Ort benötigt. Deswegen werden als erstes Straßen durch den Urwald gebaut. Je größer sie sind, desto mehr Rohstoffe können gewonnen und transportiert werden. Die Straßen werden dabei ohne Rücksicht verlegt und zerschneiden die bisherigen Lebensräume der Waldbewohner.

5.2.2 Holzgewinnung

Nachhaltig wäre es, wenn nur einzelne Bäume aus dem Wald entnommen werden, so wie es die Ureinwohner tun. Aber das ist wirtschaftlich viel zu teuer, weil auf diese Weise ein systematisches Arbeiten mit großen und effizienten Maschinen nicht möglich wäre. Um den Gewinn zu steigern, werden deswegen ganze Waldgebiete im rasanten Tempo komplett abgeholzt. Das, was nicht benötigt wird (Äste, Zweige, Wurzeln, Laub, …), wird vor Ort liegen gelassen oder verbrannt. Der Regenwald verschwindet hier. Der Holzkreislauf bricht zusammen und die Nachhaltigkeit ist nicht gegeben.

5.2.3 Brandrodungen für die Gewinnung von Ackerbauflächen

Der Urwald bietet reichhaltigen Lebensraum. Daher liegt es nahe, ihn auch als landwirtschaftliche Fläche zu nutzen. Aber im Gegensatz zu den Ureinwohnern, die nur kleine Anbauflächen für ihren Lebensbedarf benötigen, will der Homo Oeconomicus Gewinn machen. Das geht nur, wenn mit großen und effizienten Maschinen sehr große Flächen des Urwalds in Ackerland umgewandelt werden. Brandrodung ist dabei das effizienteste Mittel. Denn bei der Verbrennung werden die wichtigen Mineralstoffe, die in den Bäumen und Pflanzen stecken, in Form von Asche frei und düngen das Land. Gleichzeitig wird der unzugängliche Urwald für Landmaschinen zugänglich. Der Kohlenstoff der Wälder wird dabei als enorme Mengen Kohlendioxid (CO_2) in die Atmosphäre emittiert. Diese Brandrodungen sind für ca. 20 % des gesamten jährlichen CO_2-Ausstoßes der Menschen weltweit verantwortlich.

Mit der Brandrodung geht der Urwald als Ökosystem unweigerlich verloren. Einen Kreislauf gibt es nicht mehr und damit ist diese (wirtschaftliche) Art der Ackerlandgewinnung nicht nachhaltig.

Außerdem finden diese Entwaldungen nicht koordiniert statt. Es werden nicht zuerst die Bäume für die Holzproduktion gewonnen und danach der Rest verbrannt, um Ackerland zu gewinnen. Häufig fällt der gesamte Wald der Brandrodung zum Opfer, denn für die Ackerlandgewinnung sind vor allem die Mineralien interessant, die hauptsächlich in den Bäumen enthalten sind. Sie erhöhen die Erträge.

5.2.4 Nutzung als Ackerland

Nach der Brandrodung erfolgt meistens zuerst der Anbau von Soja, Zuckerrohr und Palmöl. Es entstehen große Monokulturen, die leichter industriell und damit finanziell gewinnbringend bewirtschaftet werden können. Diese Pflanzen werden vor allem für die Industrienationen angebaut. Soja wird als Kraftfutter für die Viehzucht und das Palmöl als billiges Öl gebraucht. Das führt aber zu folgenden Problem:

Die Pflanzen nehmen beim Wachsen die Mineralien und Nährstoffe des Bodens auf (siehe Abbildung 3-1). Das CO_2 stammt hingegen aus der Atmosphäre. Weil aber die Ernten in die Industrienationen exportiert werden, werden gleichzeitig mit ihnen alle Mineralien und Nährstoffe des ehemaligen Urwalds mit wegtransportiert. Mit jeder Ernte wird der Boden immer karger und nährstoffärmer. Der Boden wird soweit ausgelaugt, bis nur noch Gras wächst. Dann kommen die Viehzüchter, um Fleisch zu gewinnen. Die Auslaugung des ehemaligen Urwaldbodens geht damit immer weiter, denn mit dem Fleisch verlassen auch die letzten Nährstoffe den Urwald.

Auf der anderen Seite haben die Länder, die die landwirtschaftlichen Produkte importieren, ein riesiges Überangebot an Düngemittel. Denn die ganzen Mineralien und Nährstoffe in den Produkten werden mit importiert. Deswegen haben wir viel zu viel Düngemittel in unseren Kreisläufen. Während sich in den Anbaugebieten des ehemaligen Urwalds zunehmende Mineralien- und Nährstoff-Armut ausbreitet, werden unsere Ökosysteme durch zu hohe Nährstoffeintragungen gefährdet. Sinnvollerweise müsste der überschüssige Dünger zurückgeführt werden. Aber das ist viel zu teuer und unwirtschaftlich. Da es noch genügend Urwaldflächen zum Roden gibt, wird auch die Notwendigkeit nicht gesehen. Wegen fehlender Rückführung ist auch hier der Kreislauf unterbrochen und der Prozess nicht nachhaltig.

5.2.5 Am Ende bleibt Wüste

Nicht nur die Mineralien und Nährstoffe werden dem ehemaligen Urwald entzogen. Durch die fehlenden Bäume fehlt auch der Schutz des Bodens vor der direkten Sonneneinstrahlung und es fehlt die Verdunstung des Wassers. Der Regen wird immer seltener und der Boden trocknet langsam aus. Fällt dann doch einmal Regen, trifft er auf den ungeschützten Boden. Im intakten Regenwald kommt ein großer Teil des Wassers kaum unten an. Es sind genügend Pflanzen auf dem Weg nach unten, die es aufnehmen und die Wurzel der Bäume halten den Boden fest. Ohne den intakten Urwald kommt es aber jetzt bei Regen zu starker Erosion. Wind und Wasser tragen den Boden ab und nehmen ihn mit. Der ehemalige Urwald wird so nach ein paar Jahren zu einer Wüste. Hier sind jetzt alle Kreisläufe unterbrochen und eine Wiederaufforstung des Regenwaldes nahezu ausgeschlossen.

5.2.6 Fazit

Am Beispiel des tropischen Regenwaldes kann man sehr deutlich erkennen, dass die kurzfristigen finanziellen Gewinnmaximierungen langfristig gewaltige Schäden für alle anrichten. Die Urwaldgebiete verarmen an Mineralien und Nährstoffen und werden zu lebensfeindlichen Gebieten, während zu viele Nährstoffe und Mineralien in die Industrienationen gelangen. Dort belastet der enorme Überschuss an Düngemitteln die Gewässer und reduziert die Trinkwasserqualität. Die logische Alternative, die Mineralien wieder in die ehemaligen Urwaldregionen zurück zu transportieren, ist zu teuer und senkt die Gewinne. Stattdessen wird das nächste Stück Urwald in Ackerland verwandelt. Jede Stunde verschwindet so weltweit eine Urwaldfläche von fast 500 Fußballfeldern[15] und wichtige Ressourcen gehen für immer verloren.

5.3 Nutzung der fossilen Energien durch den Menschen

In Kapitel 3.1.4 ist der fossile Energiekreislauf bereits näher erklärt und soll hier um einige interessante Anmerkungen erweitert werden. Wie in Abbildung 3-4 links gezeigt wird, bestehen die fossilen Energieträger aus den Resten von Pflanzen und Tieren, die vor vielen 100 Millionen Jahren gelebt haben und nach ihrem Tode anaerob konserviert wurden. Das Erdöl und Erdgas entstand zum Beispiel in einem Zeitraum von ca. 135 Millionen Jahren: maßgeblich im Zeitraum von vor 200 Millionen bis vor 65 Millionen Jahren, also zur Zeit der Dinosaurier.

Erdöl und Erdgas sind für uns wichtige Rohstoffe, wie in Kapitel 4.1.3 erläutert wird. Trotzdem nutzen wir den mit Abstand größten Teil nur zur Energieumwandlung, bei der mehr als 2/3 der ursprünglichen Energie als Abwärme nutzlos verloren gehen. Aktuell verbrauchen wir jährlich ca. 4,2 Milliarden Tonnen Erdöl. Die weltweiten Reserven werden auf 245 Milliarden Tonnen Erdöl geschätzt und reichen bei diesem Verbrauch nur noch für maximal 50 bis 60 Jahre. Grob überschlagen hat dann die Menschheit (zumindest die in den Industrienationen) ca. 135 Jahre Erdöl verwertet, das in 135 Millionen Jahren entstanden ist.

Wir verbrauchen also in einem Jahr so viel Erdöl, wie in 1 Million Jahren auf der Erde gebildet wurden. Dabei setzen wir auch die Sonnenenergie und den Kohlenstoff, der in vielen Millionen Jahren dauerhaft in der Erde gespeichert war, in kurzer Zeit explosionsartig wieder frei. Der Kohlenstoff gelangt dabei als CO_2 in die Atmosphäre. Dass das nicht nachhaltig sein kann, ist mehr als offensichtlich, weil wir die Regenerationszeiten nicht mal ansatzweise einhalten.

Und die Probleme, die sich aus den zusätzlichen CO_2-Eintragungen ergeben, sind gewaltig. Sie treffen vor allem die nachfolgenden Generationen, die zudem Erdöl als Rohstoff und kompakten Energieträger, z. B. für Flugzeuge, verlieren. Trotzdem machen wir ungebremst weiter, um unsere heutigen Gewinne zu steigern.

5.4 Individueller Autoverkehr, Massenproduktion und ihre Folgen

In Kapitel 4.2.4 haben wir festgestellt, dass wir in der Lage sind, sehr starke und leistungsfähige Motoren zu bauen. Wir haben zudem mächtige Werkzeuge und Maschinen geschaffen, die mit diesen Motoren angetrieben werden. Denken wir nur mal an Containerschiffe, Dieselloks, LKWs, Bagger, Traktoren aber auch Motorsägen, Blockheizkraftwerke und vieles mehr. Mit Hilfe dieser Maschinen und Werkzeuge können wir mit Leichtigkeit unsere Umgebung nach unseren Vorstellungen gestalten. Wir können gigantische Bauwerke wie zum Beispiel Staudämme und künstliche Seen erschaffen. In China werden zum Teil ganze Ortschaften als Freizeitstätte nachgebaut, wie zum Beispiel Hallstatt (Österreich)[43], und stets sind Motoren im Einsatz. Die Möglichkeiten scheinen grenzenlos zu sein. Die einzige Grenze bildet scheinbar nur der Geldbeutel.

Eine besonders großartige Erfindung, die mit einem Verbrennungsmotor angetrieben wird, ist dabei das Auto. Eine Maschine, die uns schnell von A nach B bringt, die sehr viel transportieren kann und zu jeder Tages- und Nachtzeit zu unserer Verfügung steht. Wer ein Auto besitzt, der ist frei und kann individuell entscheiden, wann und wohin er fahren möchte.

5.4.1 Lebensstil und Alltag der Menschen vor dem Auto-Boom

- Die Menschen lebten häufig zur Miete in eher kleinen Wohnungen in der Nähe ihrer Arbeitsplätze, die sie zu Fuß oder mit der Bahn erreichen konnten. Die Unternehmen hatten ihre Standorte meistens in der Siedlung oder zumindest in ihrer Nähe.
- Schulen (auch weiterführende Schulen), Behörden und andere öffentliche Einrichtungen waren ebenfalls in der Nähe und konnten zu Fuß oder mit dem Fahrrad problemlos erreicht werden.
- Um die Ecke gab es überall kleine Läden für den täglichen Bedarf oder die Verkäufer kamen einmal in der Woche direkt in die Straße, um dort ihre Ware anzubieten. Das wurde auch gerne angenommen, weil schon damals niemand die Sachen gerne weit schleppen wollte.
- Internet gab es noch nicht und so war eine deutschlandweite oder weltweite Suche fast unmöglich. Hatte man also eine Idee, wurde diese in einem heimischen Betrieb um die Ecke realisiert oder zumindest mit einem Fachverkäufer beraten. Deswegen gab es viele Werkstätten und Fachbetriebe um die Ecke, die individuelle Wünsche realisieren konnten und auch davon lebten.
- Weil Material und Geräte in der Regel teuer waren, wurden defekte Gegenstände und Geräte häufig repariert. Fast jedes Fachgeschäft hatte auch einen Reparaturdienst. Das galt insbesondere für elektrische Geräte wie z. B. Fernseher. Wegwerfen war immer die letzte und teuerste Option, weil dann das Gerät neu gekauft werden musste. Als gute Alternative gab es auch Gebrauchtware vom Händler.
- Um die Reparaturen zu vereinfachen, wurden normierte Bauteile in den Geräten verwendet und nicht selten gab es zum Gerät auch Baupläne mit Angaben zu den Teilen. Konnte ein Gerät nicht mehr repariert werden, wurden seine noch funktionsfähigen Teile auch gerne als Ersatzteile verwendet.

- Dass man auf seine Ware auch mal länger warten musste (mehrere Tage bis Wochen), war völlig normal und wurde auch akzeptiert. Häufig geschah dies, um die Transportkosten zu senken.
- Wenn man einen Garten hatte, wurden dort meistens Gemüse, Kartoffeln und Obst angebaut, um die Ausgaben für Lebensmittel zu reduzieren. Lebensmittel wurden kaum weggeworfen.

Das Leben vor dem Auto war bestimmt durch kurze Wege und geprägt von nachhaltiger Nutzung der Materialien, der Ressourcen und der Energie, weil diese einen hohen Wert hatten.

5.4.2 Entwicklung unseres Lebensstils und Alltags mit dem Auto-Boom

Das oberste Ziel der Marktwirtschaft ist die Gewinnmaximierung. Dies erreicht man, indem möglichst viel von einem Produkt verkauft wird, dessen Herstellungskosten drastisch reduziert wurden. Das Fließband sorgt dafür, dass wesentlich mehr Fahrzeuge von der gleichen Anzahl Arbeiter in der gleichen Zeit hergestellt werden können. Die Produktionskosten sanken und das Auto wurde für die Mehrheit der Bürger bezahlbar. Zudem sanken die Benzin- und Dieselpreise und das Autofahren wurde immer billiger. Das hat bis heute für unseren Alltag weitreichende Folgen:

- Die Unternehmen verlagern ihre Standorte aus den teuren und engen Innenstädten auf die billigen freien Fläche außerhalb der Städte, die zudem möglichst nahe an einer guten Verkehrsanbindung liegen. Vom Arbeiter wird erwartet, dass er einen längeren Arbeitsweg in Kauf nimmt. Ohne Auto ist das nicht möglich.
- Die Menschen selbst ziehen sich aus den teuren und engen Innenstädten auf das Land zurück. Dort steht wesentlich mehr Platz für weniger Geld zur Verfügung. Dass sie dadurch größere Entfernungen zur Arbeit haben, ist ihnen egal, weil sie ein

Auto haben. Bis zu 150 km Entfernung sind heute kein Problem, wenn die Straßen gut ausgebaut sind und schnell befahren werden können.

- Geschäfte und Einzelhandel ziehen sich ebenfalls aus den teuren und engen Innenstädten zurück und siedeln sich auf der grünen Wiese am Rand der Städte an. Diese sind mit dem Auto leicht zu erreichen und Parkplätze gibt es genug. Hier entstehen riesige Einkaufscenter mit vielen Geschäften. Auch dies ist nur möglich, wenn die Menschen Autos haben.
- Die Transportkosten sinken durch günstige Fahrzeuge und fallende Treibstoffkosten. Dadurch kann Ware auch über große Distanzen bezahlbar transportiert werden. Der überregionale Warenaustausch wird so auch für alltägliche Produkte attraktiv. Niedrige Produktionskosten im fernen Ausland fördern einen globalen Austausch von Waren und Gütern. Ganze Produktionsstandorte werden so an weit entfernte Orte verlagert und mit ihnen die Arbeitsplätze. Der Transport ist sogar so billig, dass viele Unternehmen ihre teuren Lagerhallen einsparen und zur „Just In Time"-Methode wechselten. Die Straße wird zum Zwischenlager für Ware.
- Reparaturen von defekten Geräten und Gegenständen sind überflüssig. Sie werden in großen Massen zu billigen Preisen in fernen Ländern hergestellt. Deswegen ist es für die Wirtschaft lukrativer, neue Ware zu verkaufen, als defekte Ware zu reparieren. Diese Vorgehensweise wird sogar von der Wirtschaft gefördert, indem sie nicht mehr reparierbare Ware herstellt. Teile werden sogar so konstruiert, dass sie möglichst nach Ablauf der Garantiezeiten defekt werden. Das steigert den Absatz und damit den wirtschaftlichen Gewinn.
- Es lohnt sich auch nicht mehr, im eigenen Garten Gemüse und Obst anzubauen. Durch den billigen Transport bekommen wir landwirtschaftliche Produkte viel günstiger von den globalen Märkten. Das gilt auch für Viehfutter wie zum Beispiel Soja. Lebensmittel haben ihren Wert verloren.

- Weil der Transport günstig ist, kann wesentlich häufiger und schneller die Ware direkt nach Hause geliefert werden. Sammelbestellungen sind uninteressant. Und uns Kunden kann die Lieferung nicht schnell genug gehen. Heute will jeder sofort seine Ware mit der Bestellung geliefert bekommen.

Unsere ganzen Alltagsroutinen und täglichen Kreisläufe haben sich in den letzten 50 Jahren drastisch verändert. Das Auto ist Hauptbestandteil, quasi das Medium der neuen Kreisläufe geworden. Die Politik subventioniert den Bau von Autobahnen, Straßen, Parkplätzen mit allem was dazu gehört (z. B. Brücken, Tunnels, Signalanlagen usw.). Selbst das Autofahren wird stark subventioniert, denn das Teuerste beim Auto sind die Standkosten: die Anschaffungskosten, die Kfz-Steuern und die Kfz-Versicherung.

5.4.3 Konsequenzen des Auto-Booms

Die nachfolgenden Werte habe ich an Hand von realen Daten hoch- und umgerechnet, um sie besser vergleichen zu können. Dabei gehe ich von 80 Millionen deutschen Bürgern, von Baby bis zum Greis, aus.

5.4.3.1 Platzbedarf für die Autos

- Deutschland hat rund 830.000 km Straßen, Tendenz steigend[48]. Statistisch gesehen gehören jedem Bundesbürger von Baby bis Greis ca. 10 m Straße. Bei einer angenommenen durchschnittlichen Breite von 6 Metern sind in ganz Deutschland rund 5.000 km2 komplett unter einer Asphaltschicht begraben und damit nur für den Straßenverkehr versiegelt. Zum Vergleich: Das Saarland ist mit 2.570 km^2 nur halb so groß. Der Harz hat 2.226 km^2, der Schwarzwald 6.009 km^2 und Hamburg 755 km^2.
- Ein Parkplatz benötigt in Deutschland etwa 12 m^2 Platz[1]. Damit benötigt ein Auto mehr Fläche zum Parken, als die meisten

Kinder an Zimmerfläche haben. Bei 60.000.000 zugelassenen Pkws[49] sind das 720 km^2 Parkfläche in ganz Deutschland. Das ist der reine Bedarf an Parkfläche, wenn wir nirgendwo hinfahren. Aber am Zielort wollen wir auch parken. Also verdoppelt sich die Fläche schnell. Dazu kommen Hofeinfahrten, Parkplatzzufahrten, Autobahnraststätten usw. Geschätzt kommen so mindestens 1.500 km^2 an reiner Parkfläche dazu. Wahrscheinlich ist es wesentlich mehr.

- Damit benötigt unser Autoverkehr mit Straße und Parkplatz mehr als 6.500 km^2. Das entspricht einer Fläche von etwas mehr als 80 m^2, die für jeden Bundesbürger nur für den Autoverkehr versiegelt wurden. Die durchschnittliche Wohnfläche pro Bürger beträgt in Deutschland etwa 48 m^2. Mit anderen Worten: Unser Autoverkehr benötigt etwa doppelt so viel Platz, wie wir an Wohnraum brauchen.
- 6.500 km^2 Straßen und Parkplätze lassen erahnen, wie viel Material (Schotter, Asphalt, Leitplanken, Schilder usw.) für ihren Bau benötigt wurde.

5.4.3.2 Ressourcenbedarf, Energiebedarf und Leistung

- Ein Auto wird durchschnittlich nur 1 Stunde am Tag gefahren und steht 23 Stunden irgendwo auf einem Parkplatz. Ein Auto fährt also in nur 5 % der Zeit und steht 95 % der Zeit nutzlos herum. Deswegen spricht man schon nicht mehr vom Fahrzeug, sondern vom „Stehzeug“. Ein Auto wiegt durchschnittlich 1.400 kg, Tendenz steigend. Davon sind etwa 1.000 kg Metall. Bei 60 Millionen Fahrzeugen und 95 % Standzeit, stehen etwa 57 Millionen Tonnen Metall in ganz Deutschland nutzlos herum. Das ist das 1,6-fache der jährlichen deutschen Rohstahlproduktion, die 2020 bei 35,7 Millionen Tonnen lag.[50]
- Ein Auto hatte 1995 durchschnittlich 95 PS. Bis zum Jahr 2020 stieg es auf 160 PS. Ein PS entspricht der Leistung/Stärke, die ein Pferd unter vollem Einsatz seiner Kräfte leisten kann. Das bedeu-

tet, unsere Autos entsprechen heute Kutschen, vor denen über 160 Pferde angespannt sind. Das Auto verbraucht während des Fahrens auch in etwa die gleiche Menge an Energie, die diese Anzahl an Pferden in der gleichen Zeit verbrauchen würde. Wer wäre damals ernsthaft mit 160 Pferden vor seiner Kutsche zum Bäcker gefahren, um 3 Brötchen einzukaufen. Für uns ist das heute normal.

- Der menschliche Körper benötigt etwa 3 bis 4 kWh Energie an einem Tag. Ein Liter Diesel oder 1 m^3 Erdgas haben etwa 10 kWh Energieinhalt. Ein Auto braucht heute im Durchschnitt umgerechnet 8 Liter Diesel auf 100 km Strecke. Von der gleichen Energie könnten 20 bis 30 Menschen einen Tag leben. Das ist besonders dann von Bedeutung, wenn es sich beim Diesel um Biodiesel handelt. Denn für Biodiesel und andere Kraftstoffe auf Pflanzenbasis werden Felder mit entsprechenden Pflanzen angebaut. Dann muss entschieden werden, was wichtiger ist: 100 km Autofahren oder 20 bis 30 Menschen für einen Tag ernähren.
- Was ein Automotor heute leisten muss wird eindrücklich, wenn man versucht, sein Auto auf einer nicht schiefen Ebene ohne Hilfsmittel vorwärts zu schieben. Schon nach kurzer Zeit ist man außer Puste. Der Motor schafft das problemlos, aber benötigt dafür sehr viel Energie.
- 1/3 des gesamten Mikroplastiks, das in Deutschland jährlich anfällt und in die Natur gelangt, geht auf Reifenabrieb zurück. Auf 1000 km Strecke verliert jedes Auto durchschnittlich 120 g Gummireifen in Form von Mikroplastik. EU-weit fallen so jährlich 500.000 Tonnen Reifenabrieb als Mikroplastik an.[53]
- In den letzten Jahren gibt es die steigende Tendenz, sich SUVs anzuschaffen. Diese Fahrzeuge sind wesentlich schwerer als die normalen PKWs und haben aufgrund ihrer Größe und Form einen deutlich höheren Luftwiderstand (CW-Wert). Deswegen verbrauchen sie wesentlich mehr Ressourcen bei der Herstellung, benötigen deutlich mehr Energie zum Fahren und erzeugen mehr Reifenabrieb in Form von Mikroplastik. SUVs sind das Gegenteil von klima- und umweltfreundlich.

- Da wir fast alle Strecken mit dem Auto zurücklegen und uns das keine körperlichen Anstrengungen abverlangt, ist es uns egal, ob wir einige km weiterfahren oder nicht. Daher erlauben wir es uns, alle Einrichtungen auf dem Land deutlich größer zu bauen, als wir es vor dem Auto getan hätten: Unsere Häuser und Grundstücke werden größer. Einkaufsläden samt Parkplätze wachsen und auch Firmen sind deutlich größer dimensioniert. Weil es das Auto gibt, zersiedeln wir zunehmend und immer schneller die ganze Landschaft. Die Natur muss überall immer schneller weichen.

5.5 Freie Marktwirtschaft und Wirtschaftswachstum

Weil dieses Thema sehr starken Einfluss auf die Nachhaltigkeit und den Klima- und Umweltschutz hat, möchte ich hier einige wenige und einfache Gedanken dazu ansprechen.

5.5.1 Auswirkungen von Armut und Reichtum

Immer mehr Vermögen sammelt sich bei den sowieso schon Reichen an, während die Armen immer ärmer werden. Zum Beispiel besaßen 2016 die 62 reichsten Menschen der Welt genauso viel Vermögen wie die ärmere Hälfte der Weltbevölkerung.[41] In Deutschland hatte die ärmere Hälfte der Bevölkerung 2016 nur 1 % des gesamten deutschen Vermögens.[41] Für das Thema Nachhaltigkeit, Klima- und Umweltschutz, ist das von großer Bedeutung, denn

- Wer mit dem Überleben von heute auf morgen beschäftigt ist, hat keine Zeit für Probleme, die ihn vielleicht in ein paar Jahren treffen. Der Klimawandel und die Umweltprobleme gehören dazu.
- Wer kaum Geld zum Leben hat, kann fast nichts in Klima- und Umweltschutz investieren.

- Wer die ganze Zeit dafür braucht, um seine Alltagsprobleme zu bewältigen, weil er trotz vollen Arbeitstags zu wenig Geld hat oder sich eine Kinderbetreuung nicht leisten kann, dann hat er auch kaum Zeit, sich mehr über die Auswirkungen des Klimawandels zu informieren.
- Wer zu wenig finanzielle Mittel hat, kann sich weiterführende Bildungsangebote und Förderungen kaum leisten. Ohne Grundkenntnisse in MINT-Fächern sind die Auswirkungen des Klimawandels und die notwendigen Lösungen kaum richtig zu verstehen und zu bewerten.
- Wer sich kein Eigenheim leisten kann und zur Miete wohnt, hat kaum eine Möglichkeit, beim Vermieter Klima- und Umweltschutzmaßnahmen durchzusetzen.
- Wer reich ist, dem können die Probleme mit dem Klimawandel und den Umweltzerstörungen egal sein. Er hat genug Geld, um sich notfalls in anderen Ländern eine neue Existenz aufzubauen.

Alle diese Punkte führen dazu, dass die ärmeren Menschen große Angst vor Veränderungen haben. Veränderungen bedeuten Sonderausgaben und diese können für sie schnell existenzbedrohend werden. Ärmere Menschen wählen daher tendenziell eher Parteien, die versprechen, dass alles beim Alten bleibt. Vermögende Leute wollen auch, dass alles möglichst so bleibt, wie es ist.

Konservative Parteien erhalten daher häufig die Mehrheit, wenn nicht aktuelle, äußere Ereignisse deutlich machen, dass sich dringend etwas verändert muss. Die Lösungen von erkannten, bisher noch abstrakten Problemen, werden daher gerne in die Zukunft verschoben, bis diese Probleme schmerzlich real werden. Auf diese Weise schieben wir jetzt schon seit fast 50 Jahren das Thema Klimaschutz vor uns her und Parteien, die versuchen, das Thema anzugehen, werden nicht gewählt bzw. abgewählt.

5.5.2 Auswirkungen des grenzenlosen Wirtschaftswachstum

Das wichtigste Ziel der freien Marktwirtschaft ist es, die Gewinne der Unternehmen und der Unternehmer zu steigern, so dass sie reicher werden und mehr Macht und Einfluss bekommen.

Nach dem Zweiten Weltkrieg musste in Deutschland fast alles neu aufgebaut werden und vieles war nicht erhältlich. Es wurden dringend benötigte Produkte hergestellt, die zudem qualitativ hochwertig waren und bei Defekten leicht repariert werden konnten. „Made in Germany" war ein Ausdruck für diese Qualität. Weil die Nachfrage so hoch war, wuchs die Wirtschaft ohne Probleme von allein. Gebrauchte Produkte hatten ihren Wert und defekte Produkte wurden repariert. Globalisierung spielte keine so große Rolle. Die Unternehmen zahlten ihre Steuern im Land und unser Staat baute die gesamte Infrastruktur (Bildung, Verkehr, Energieversorgung ...) von den Steuereinnahmen auf.

Inzwischen sind die Märkte mehr als gesättigt. Die großen Unternehmen sind globalisiert und die Maximierung ihrer Gewinne sowie der Ausbau ihrer Macht sind immer noch ihre obersten Ziele. Nur wird heute dieses Wirtschaftswachstum bei großen, international agierenden Konzernen häufig mit vielen Tricks und Ausbeutereien erreicht:

- Geräte werden bewusst so konstruiert, dass sie ihre Garantiezeit nicht lange ohne Defekte überstehen. Dazu werden bewusst Sollbruchstellen eingearbeitet und die Geräte so gebaut, dass sie nicht mehr repariert werden können. Die Geräte sollen neu gekauft und nicht repariert werden.
- Die Produkte und Geräte bestehen häufig aus qualitativ niedrigwertigen Materialien. Diese sind viel billiger im Einkauf und das spart Kosten. Aber dadurch entstehen Produkte, die aus zahlreichen verschiedenen Materialien bestehen, die am Ende kaum trennbar sind. Recyceln ist so fast unmöglich.

- Es werden stets neue unsinnige Produkte entwickelt, die wirklich keiner braucht und für die künstlich Märkte geschaffen werden. Diese Produkte kosten unnötig viel kostbare Energie und Ressourcen und landen am Ende im Müll.
- Die Mitarbeiter dieser Unternehmen werden nicht selten zu Niedriglöhnen angestellt. Inzwischen werden die Arbeiten an zweifelhafte Subunternehmer oder gleich in Entwicklungsländer zu Hungerlöhnen übertragen. Auf diese Weise werden die Lohnkosten weiter gesenkt.
- Die global agierenden Unternehmen spielen die Steuergesetze der Länder gegeneinander aus und zahlen am Ende häufig gar keine Steuern. Das sorgt für eine ordentliche Gewinnmaximierung. Den Staaten fehlen dadurch Steuereinnahmen zur Aufrechterhaltung ihrer Infrastruktur, die die Konzerne aber gerne für ihre Zwecke nutzen.
- Obwohl viele Unternehmen keine Fördergelder benötigen, nehmen sie gerne alle Fördermittel mit, die sie staatlich bekommen können. Letztendlich zahlt der Steuerzahler diese Fördermittel und sorgt dafür, dass die Gewinne der Konzerne weiter steigen.
- Viele Konzerne nehmen auch gerne Subventionen an, damit sie Gewinne in Bereichen erzielen, wo ohne die Subventionen nur Verluste wären. In Deutschland wurden im Jahr 2018 über 65 Milliarden für klima- und umweltschädliche Subventionen gezahlt.[42]
- Bei allen Kalkulationen der Firmen wird die Natur stets als kostenlose Ressource und Mülleimer gerechnet. Sie können die Natur nach Belieben ausbeuten und mit ihren Abfällen verschmutzen.

Letztendlich agieren viele der großen internationalen Unternehmen nach dem Prinzip: „Verluste sozialisieren und Gewinne privatisieren". Das ist die heutige Höchstform von Gewinnmaximierung. Arbeitnehmer und Staaten werden weltweit ausgebeutet. Es werden kaum Steuern gezahlt und das wenige, was trotzdem von lokalen, kleinen Unternehmen und der arbeitenden Bevölkerung an Steuern gezahlt wird, holen sich die internationalen Unternehmen über die beschriebenen Wege am Ende auch noch. Und in jedem Land gibt es Politiker, die diese Art des Wirtschaftswachstums unterstützen.

Seit der Bankenkrise 2008 hat Deutschland bis zur Coronakrise 2020 ein sehr erfolgreiches Wachstum der Wirtschaft erlebt, um das uns viele Länder beneideten. Aber welche der großen deutschen Systemkrisen wurde in dieser Zeit von der Politik wirklich angegangen und zumindest ansatzweise gelöst?

- **Staatsschulden:** Reduzierung fand nicht statt. Maximal wurden keine neuen Schulden gemacht.
- **Bildungssystem:** Die Bildungskrise ist größer als je zuvor. Reformen sind lange überfällig. Ob G8, Digitalisierung oder Chancengleichheit: Überall sind ungelöste Baustellen.
- **Gesundheitssystem:** Nach Corona sind viele Krankenhäuser quasi pleite. Die Kinder sind besonders hart betroffen. Es gibt Engpässe beim Personal und bei Medikamenten.
- **Pflegesystem:** Ist nicht mehr bezahlbar. Erste Pflegeheime müssen schließen.
- **Rentensystem:** Ist nicht mehr finanzierbar. Zu wenige Einzahler und zu viele Empfänger.
- **ÖPNV/Bahn:** Unzureichend. Schienennetz ist großenteils sehr marode und völlig überlastet.
- **Straßenverkehr:** Fast überall völlig überlastete und baufällige Straßen, insbesondere Brücken.
- **Energieversorgung:** Fehlender Umbau der Stromnetze, stockender Ausbau erneuerbarer Energien.
- **Digitalisierung:** Sehr schlecht: unzureichende Abdeckung von Glasfaser und Mobilfunknetzen.
- **Wohnungsbau:** Fehlender Wohnraum, sehr teure Mieten, unbezahlbare Eigenheime.
- **Lebensmittel:** Lebensmittelpreise steigen drastisch an. Ernteausfälle durch Dürre.

- **Bundeswehr:** Nicht verteidigungsfähig. Kaum einsatzbereites Material.
- **Öffentliche Einrichtungen:** Hallenbäder, Sportvereine, Theater, Museen usw. sind existenzgefährdet.

In dieser Aufzählung erscheinen noch gar nicht die Themen **Klimawandel** und **Umweltzerstörung** sowie die damit verbundene Völkerwanderung. Die Völkerwanderung wird sich bei uns in Form von **Asylsuchenden** bemerkbar machen, die vor Krieg und lebensfeindlichen Umgebungen fliehen.

Und die einzige Antwort, die bestimmte Politiker und Parteien auf alle diese Probleme geben, ist: „Wir brauchen noch mehr Wirtschaftswachstum und noch mehr freie Märkte. Wenn man die Marktwirtschaft ungehindert walten lässt, lösen sich alle Probleme von selbst". Und das ist der Universal-Lösungsansatz, den die wirtschaftsnahe Politik anbietet.

Aus religiöser Sicht betrachtet, stelle ich mir gerade vor, wie Jesus in Jerusalem die Händler mit folgenden Worten aus dem Tempel warf: *„Das ist das Haus meines Vaters und soll ein Gebetshaus für alle Völker sein. Ihr aber habt eine Räuberhöhle daraus gemacht."* Letztendlich ist die Natur, Gottes Schöpfung, nichts anderes als ein Paradies, das Gott uns allen (Menschen) geschenkt hat. Und einige wenige machen daraus eine Markthalle, das moderne Wort für Räuberhöhle.

6. Wie erschaffen wir unser eigenes Paradies?

Die vorangehenden Kapitel haben uns einen kleinen Einblick in die Schöpfung und ihre Naturgesetze gegeben. Das erste Kapitel hat uns gezeigt, was für ein begabtes und fähiges Wesen wir Menschen prinzipiell sind. Im zweiten Kapitel haben wir gelernt, dass Naturgesetze notwendige Regeln sind, damit wir eine verlässliche und planbare Basis für unser Leben haben und uns entwickeln können. Wir dürfen diese Naturgesetze nicht nur erfahren und spüren, sondern wir dürfen auch ihre Geheimnisse kennenlernen und erhalten somit einen tiefen Einblick in die Schöpfung. Die Naturgesetze sind die Schlüssel zum Paradies. Das dritte Kapitel deutet uns an Hand von ein paar wenigen Beispielen an, welche genialen Kreisläufe sich aus den Spielregeln der Natur ergeben. Dabei erfahren wir, dass diese Spielregeln gar nicht mal so kompliziert sind, sondern ihre Prinzipien überall in der Natur zu finden sind, wie zum Beispiel die Eigenschaften eines Kreislaufs. Im vierten Kapitel erfahren wir, dass wir die Schlüssel zum Paradies auch ausprobieren dürfen. Wir können die Naturgesetze geschickt anwenden, damit sie unser Leben und unsere Lebensqualität erheblich verbessern. Jeder Schlüssel führt uns eine Station weiter in der Entwicklung. Aber wie das fünfte Kapitel zeigt, bietet jeder Schlüssel nicht nur neue Möglichkeiten, sondern auch Gefahren und fordert von uns Bereitschaft zur Verantwortung, zum Respekt und auch zur Demut vor dem, was wir entdecken. Ansonsten kann der Weg zum Paradies auch schnell in der Hölle enden. Jeder weitere Entwicklungsschritt ist mit Prüfungen verbunden, ob wir wirklich bereit sind für den nächsten Schritt. Aber der Weg ist nicht so schwer und gefährlich wie es erscheint, weil wir Wissenschaftler und Fachleute haben, die diese Gefahren erkennen und Lösungswege für sie entwickeln.

Die Frage ist nur: Erkennen wir die Gefahren auch an und akzeptieren wir die Lösungswege?

Das Neue an der heutigen Situation ist, dass wir jetzt die globalen Auswirkungen des Klimawandels und der Umweltzerstörungen deutlich zu spüren bekommen. Bis Ende des 20. Jahrhunderts waren die globalen Auswirkungen allenfalls nur lokal spürbar, weil die Natur sie noch gut puffern (abfangen) konnte. Sehr viele dieser lokalen Umweltprobleme konnten wir weitestgehend lösen: Verdreckte Flüsse mit Schaumkronen, umgekippte Seen, Smog, staubige und stinkende Abgase, Müllberge und vieles mehr gehören inzwischen der Vergangenheit an. Das waren sozusagen die Prüfungen, ob wir bereit sind für den nächsten Entwicklungsschritt in Richtung internationale Kooperation und Globalisierung.

Jetzt haben wir es mit globalen Umweltproblemen zu tun, die sich lokal nicht mehr lösen lassen, sich aber lokal (auch bei uns) auswirken. Globale Umweltprobleme können wir nur weltweit gemeinschaftlich mit großräumigem Denken und mit Weitsicht lösen. Ihre Lösungen sind wesentlich aufwendiger und komplexer als die Lösungen von lokalen Umweltproblemen. Momentan neigen wir dazu, die lokalen Auswirkungen eher als Schicksal anzusehen, weil wir glauben, dass wir sie sowieso nicht ändern können. Der Klimawandel ist zum Beispiel eine globale Folge des weltweiten Treibhausgasausstoßes. Verursacht er jetzt bei uns lokale Überflutungen oder Dürren, glauben wir, dass wir das nicht verhindern können. Also sehen wir auch keinen direkten Anlass zum Handeln. Dabei stehen gerade wir in Europa und insbesondere in Deutschland besonders in der Verantwortung, weil wir mit am längsten CO_2 im großen Maßstab emittieren.

In diesem sechsten Kapitel geht es erst einmal darum, wie wir uns selbst in die Bereitschaft versetzen, damit

- wir die Gefahren und die Chancen erkennen, die sich uns bieten, und damit
- wir akzeptieren, dass die Gefahren real existieren und wir sie auch lösen können.

Im weiteren Verlauf werden wir sehen, dass wir als Individuen gar nicht so viel tun können, um große Mengen Treibhausgase, Energie und Ressourcen einzusparen. Das erreichen wir nur, indem wir lernen großräumig, weitsichtig und gemeinschaftlich zu denken. In fast allen Fällen muss die Politik die Wege oder zumindest die Mittel dazu freigeben. Deswegen sind Wahlen so wichtig. In den folgenden Unterkapiteln werden einige Beispiele für weitsichtige und gemeinschaftliche Lösungen vorgestellt, die sehr viel zum Klima- und Umweltschutz beitragen, weitere gesellschaftliche Probleme lösen und unser Leben deutlich verbessern.

6.1 Bereitschaft zur Anerkennung von Fakten und Verantwortung

6.1.1 Innehalten und zur Ruhe kommen

Den wichtigsten Schritt, den wir als Erstes gehen sollten, ist, dass wir einfach mal unseren Alltagstrott stoppen, innehalten und innerlich zur Ruhe kommen. Einfach mal eine Pause vom Alltag machen, damit wir unseren Kopf freibekommen und uns auf neue Denkansätze vorbereiten und uns auch auf sie einlassen können. Sehr zu empfehlen ist dafür eine Wanderung in der Natur, zum Beispiel zu einem ruhigen Lieblingsplatz: eine Aussichtsstelle, Bergspitze oder auch eine einsame Kapelle.

Verbinde dich hier mit der Natur, indem du einfach nur alle Sinneseindrücke wahrnimmst, die um dich herum sind. Bewerte sie nicht, sondern nimm sie einfach nur wahr. Und dann spüre in dich hinein, wie es dir geht. Nimm Kontakt zu dir selbst auf, indem du zum Beispiel deinen Atem spürst und ihn dabei nicht beeinflusst. Wenn du dich mit dir und der Natur verbunden fühlst, dann lass deine Erkenntnisse zu den Themen Natur, Nachhaltigkeit, Entwicklung, Verantwortung, Gemeinschaft, Respekt und Paradies einfach wirken, ohne groß darüber im Detail nachzudenken. Wenn du religiös bist, dann lasse auch deinen Glauben und Gott mit auf dich wirken. Das Vorwort kann dabei als Unterstützung genommen werden, weil es das Wesentliche dieses Buches zusammenfasst.

Wenn du dich mit allem verbunden fühlst, dann stell dir folgende Fragen:

- Was ist mir in meinem Leben wirklich wichtig?
- Was will ich für mich selbst erreichen?
- Was will ich meinen Mitmenschen und den zukünftigen Generationen für ihr Leben mitgeben?

Zur Beantwortung dieser Fragen ist es hilfreich, wenn du folgende Punkte beachtest:

- Wir kommen auf diese Welt ohne jeglichen materiellen Besitz und er bedeutet uns als Baby nichts.
- Am Ende unseres Lebens verlassen wir diese Welt wieder und all unser materieller Besitz inklusive unseres Körpers bleibt zurück. Alles Materielle gehört zu den Kreisläufen der Erde.
- Das Einzige was von uns übrig bleibt, sind unsere Erfahrungen, Erkenntnisse und Gedanken in Form von Geschichten, Büchern, Bildern und Videos.
- Für die, die an ein Leben nach dem Tod glauben: Wir nehmen unsere Erfahrungen, Erkenntnisse und Gedanken mit, entweder als Basis für ein weiteres Leben oder um uns vor Gott zu verantworten.
- Was hätten wohl berühmte Personen auf die Fragen geantwortet? Zum Beispiel Leonardo DaVinci, Aristoteles, Seneca, Ibn Sina (Medicus), Mahatma Gandhi, … .

Das Ziel dieser Übung besteht darin, dass wir uns vorübergehend von unseren Alltagszwängen und unseren vorgefertigten Meinungen und Einstellungen trennen. Meinungen und Einstellungen, die stark vom Außen durch Werbung, Verkäufer, Influencer und andere Konsumenten geprägt werden.

Bei der Beantwortung der Fragen werden viele feststellen, dass Besitz und Wohlstand eher keine so große Rolle spielen. Sie sind nur so lange von Bedeutung, bis unser tägliches Grundbedürfnis nach Essen, Wohnen, Sicherheit und Geborgenheit gedeckt ist und wir nicht mehr in materielle Not geraten können. Vielen ist es wichtiger, dass sie eine Aufgabe haben, Teil einer Gemeinschaft sind, Anerkennung bekommen und sich frei entfalten können. Dies sind Kernaussagen der Maslowschen Bedürfnishierarchie/Bedürfnispyramide[52]. Durch Konsumieren, übermäßigen Besitz und Energie- und Ressourcenverschwendung werden wir nicht wirklich glücklicher. Es ist daher für die meisten sinnlos, nach übermäßigem Besitz zu streben. Diese Erkenntnis ist aber nicht neu, sondern schon sehr alt. Menschen wie Franz von Assisi, Buddha und Mahatma Gandhi sind dafür sehr gute Beispiele, die in Bescheidenheit lebten und den Mitmenschen und Mitgeschöpfen stets mit Güte begegneten und ihre Würde achteten.

6.1.2 Bereitschaft zum Lernen und Anerkennung von Fachexperten

Ob wir es wissen oder nicht, ob wir es wollen oder nicht, der Klimawandel und die Umweltzerstörungen sind schon voll am Laufen. Ignorieren und den Kopf in den Sand stecken, wird beides nicht mehr aufhalten. Jetzt geht es vor allem darum, die richtigen Maßnahmen zu finden und zu ergreifen. Dazu ist es aber dringend nötig, dass wir uns inhaltlich mehr mit dem Thema auseinandersetzen. Wir müssen die Zusammenhänge zwischen unserem Handeln und den Konsequenzen für die Natur besser verstehen und uns mit den Vor- und Nachteilen der möglichen Lösungswege intensiv beschäftigen. Denn wir müssen zwischen den verschiedenen Wegen abwägen und uns für den einen oder anderen Weg entscheiden. Denn der mit Abstand teuerste und schmerzhafteste Weg wäre, nicht zu handeln und weiter zu machen, wie bisher.

Alternativ können wir aber auch der Expertise der Fachwissenschaftler und der Fachleute vertrauen. Sie beschäftigen sich jeden

Tag intensiv genau mit diesen Themen, und sind in der Lage, qualifizierte Lösungswege zu entwickeln.

6.1.2.1 Fallen bei der Recherche nach (Fach-)Informationen

Leider ist es gar nicht so leicht, an die benötigten (Fach-)Informationen zu gelangen. Dank des Internets und der sozialen Netzwerke werden wir täglich mit Informationen zugeschüttet. Wir haben gar nicht mehr die Zeit, uns mit allen Informationen detaillierter zu befassen. Deswegen können wir folgende Verhaltensweisen immer häufiger beobachten (siehe dazu auch Kapitel 1.6 und 1.6.1):

- Fakten und Zusammenhänge werden zunehmend durch Meinungen ersetzt und häufig in falsche Kontext gesetzt oder verdreht. Stichwort: Alternative Fakten.
- Wir greifen bevorzugt auf vorgefertigte Meinungen (Vorurteile) von uns selbst und anderen zurück, weil wir so viel weniger Zeit zum Reflektieren brauchen.
- Das Internet und die sozialen Medien liefern uns vor allem nur die Informationen, die uns gefallen und unsere Meinung bestätigen. Informationen, die uns nicht gefallen, werden erst gar nicht geliefert. Diese Informationsfilter sollen unser Wohlgefühl fördern, damit wir auf den Internetseiten länger bleiben.
- Die Suchmaschinen unterscheiden (noch) nicht zwischen Fakten, Ansichten, Esoterik, Science Fiction oder Satire. Sie liefern alles, was sie zum Thema finden, ohne Bewertung.
- Bei der Recherche müssen wir in der Regel schon sehr genau wissen, was wir suchen. Ansonsten befinden sich die gesuchten Ergebnisse irgendwo weit unten oder werden erst gar nicht gefunden.

6.1.2.2 Tipps für die sinnvolle Recherche

Um eine sinnvolle Recherche durchführen zu können und um vertrauenswürdige Fachleute zu finden, sollten wir folgende Punkte beachten:

- Achte darauf, welche Qualifikation der Autor der Informationen hat. Ist er eine fachliche Autorität, weil er am Thema arbeitet? Oder genießt er eine hohe Anerkennung in fachlichen Kreisen?
- Schaue nur auf offiziell anerkannten und vertrauenswürdigen Seiten nach. Besonders hilfreiche Informationsseiten sind die Seiten der Behörden, die alle möglichen Informationen (statistisch) zusammenfassen und gratis zur Verfügung stellen.
- Wissenschaftssendungen wie „Terra X", „Quarks & Co.", „Leschs Kosmos" usw. bieten sehr gute und einfache Einstiege in die Thematik und sind sehr informativ.
- Vertraue niemals Informationen von Personen, die stets nur einseitig auf sich selbst oder kleine Gruppe von Personen verweisen.
- Schaue nicht nur nach Informationen, die deine Einstellungen unterstützen, sondern schaue auch die Informationen an, die dir nicht passen. Wenn wir die Gegenargumente nicht mit Fakten widerlegen können, müssen wir diese ernst nehmen und unsere Einstellungen mit ihnen abgleichen.

6.1.3 Bereitschaft zum offenen, ehrlichen und konstruktiven Dialog

Das Thema Klimawandel ist sehr komplex und sein Gesamtbild ist für den Einzelnen nur schwer erfassbar. Deswegen neigen wir dazu, kleine Teilbereiche, die wir scheinbar verstanden haben, in den Vordergrund zu stellen. Deswegen setzt jeder seine Priorität auf einen anderen Teilbereich und versucht, alle anderen auf seinen Bereich zu ziehen. Dabei verlieren wir aber den Überblick und jede Teilgruppe versucht unabhängig von den anderen ihre selbst erkannten Herausforderungen zu lösen. Das ist nicht zielführend.

Deswegen ist es unglaublich wichtig, dass wir gemeinsam über die anstehenden Herausforderungen diskutieren und unsere Erkenntnisse und Erfahrungen untereinander austauschen. Wir müssen unbedingt ein gemeinsames Bild vom realen Zustand und seinen Konsequenzen bilden. Nur wenn wir alle die gleiche Vorstellung von den Aufgaben und ihren Prioritäten haben, können wir sinnvolle und effektive Ziele definieren und gemeinsame Projekte erfolgreich umsetzen. Unsere große Stärke liegt in der Zusammenarbeit, wie wir bereits in Kapitel 1.5 festgestellt haben. Dazu müssen wir aber alle am gleichen Strang und in die gleiche Richtung ziehen. Und das geht am besten, wenn wir alle das gleiche Verständnis haben. Gerade im offenen Dialog können wir effektiv Missverständnisse und Lücken in unseren Ansichten schließen und uns gegenseitig stärken. Dazu sind aber unbedingt folgende Regeln zu beachten:

6.1.3.1 Regeln für konstruktive und effektive Dialoge

- **Aktiv zuhören:** Wir hören unserem Diskussionspartner genau zu, was er sagen will, und stellen nur Fragen zum Verständnis, um Missverständnisse zu vermeiden. Das hilft auch unserem Diskussionspartner, seine Gedanken noch besser zu strukturieren.
- **Ausreden lassen:** Wir lassen den Diskussionspartner ausreden, damit er seine Gedanken ungestört und vollständig vortragen kann. Einem ins Wort zu fallen, demonstriert stets: Ich will deinen Standpunkt nicht hören und ich bin schlauer als du und das wertet den anderen ab. Um Monologe zu vermeiden, sollten zeitliche Limits gesetzt werden.
- **Verstehen wollen:** Wir versuchen zu verstehen, was unser Diskussionspartner sagen möchte. Nur weil jemand nicht gut reden kann oder kein Muttersprachler ist, bedeutet das noch lange nicht, dass er keinen entscheidenden Beitrag leisten kann.
- **Gute Absicht:** Wir sollten beim Diskussionspartner stets von einer guten Absicht ausgehen, die er mit seinen Gedanken und

Äußerungen verfolgt. Wenn sich unsere Gedanken entwickeln und formieren sind sie selten ethisch, juristisch und politisch korrekt. Statt dann gleich die Rassismus-Karte zu ziehen oder den Diskussionspartner irgendeinem Lager zuzuordnen, ist es wesentlich hilfreicher, aktiv zuzuhören und nachzufragen, was er wirklich sagen möchte.

- **Konstruktiv sein:** Wir gehen auf die Beiträge ein und diskutieren ihre Vor- und Nachteile stets konstruktiv, ohne vom Thema abzulenken. Das Ziel der Diskussion ist, dass wir ein gemeinsames Verständnis bilden und sinnvolle Lösungswege erarbeiten.
- **Ergebnisse fixieren:** Erarbeitete Ergebnisse sollten unbedingt schriftlich mit Vor- und Nachteilen festgehalten werden, genauso, welche Gründe zu den Ergebnissen geführt haben. Das ist sehr wichtig, damit später die Diskussionen nicht erneut beginnen und wir uns ewig im Kreis drehen. Neue Diskussionsteilnehmer können sich so schnell auf den aktuellen Stand bringen. Und bei Blockierern kann mit Verweis auf die fixierten Ergebnisse ihre Hinhaltetaktik schnell unterbunden werden.
- **Verschwiegenheit:** Um offene und ehrliche Meinungen zu erfahren, kann es sein, dass ein Teilnehmer Verschwiegenheit wünscht. Dann sollten wir dem unbedingt nachkommen. Generell sollten Ergebnisse ohne Personenbezug festgehalten werden und so auch nach außen kommuniziert werden. Ergebnisse sollten stets rein sachlich sein.

6.1.4 Politisch aktiv werden

Uns wird immer wieder eingeredet, dass jeder Einzelne deutlich aktiver werden muss, damit wir unseren CO_2-Ausstoß wirklich reduzieren. Um dies zu verdeutlichen, wurde u. a. der CO_2-Fussabdruck entwickelt[56]. In der Tat kann man mit diesem Instrument eine Vorstellung davon bekommen, wo und wie wir unsere CO_2-Emissionen noch etwas mehr senken können. Aber egal wie sehr wir uns anstrengen: Wir kommen kaum unter 5 Tonnen CO_2 pro Jahr und Person, obwohl nur

1 Tonne CO_2 pro Jahr und Person maximal erlaubt sind, um den Klimawandel zu stoppen. Das liegt daran, dass unsere Infrastruktur, unsere Industrie und Wirtschaft dafür verantwortlich sind. Um sie zu mehr Klimafreundlichkeit zu zwingen, sind entsprechende neue Gesetze und Gesetzesänderungen nötig, die nur Politiker durchsetzen können. Deswegen ist es so unglaublich wichtig, dass wir zu jeder Wahl gehen und die Politiker wählen, die unsere Interessen am besten vertreten. Noch besser ist es, wenn wir selbst politisch aktiv werden.

Übrigens: Der CO_2-Fußabdruck[56] ist eine Erfindung von BP (British Petroleum)[57], einem britischen Ölkonzern, und soll die Verantwortung für den Klimawandel von den Konzernen und der Politik ablenken und auf den einzelnen Bürger übertragen.

6.1.5 Demokratie geht vor Klima- und Umweltschutz

Dieses Thema ist sehr heikel. Der Mensch ist die mit großem Abstand dominierende Spezies auf der Erde. Das wird sich vorerst auch nicht ändern. Wir werden also definitiv bestimmen, was mit unserem Planeten geschieht, egal ob es ethisch oder moralisch korrekt ist. Deswegen geht es beim Klima- und Umweltschutz auch um die Art und Weise, wie wir die Entscheidungen politisch treffen. Weil die Zeitmaßstäbe inzwischen so kurz sind und der Handlungsdruck so hoch ist, empfinden viele die demokratischen Entscheidungsprozesse als viel zu langsam und fordern quasi Entscheidungen per Dekret. Diese Forderungen führen aber unweigerlich in Richtung Diktatur. Das kann nicht das Ziel sein.

Wir wollen das Klima und die Umwelt retten, weil wir Angst vor den negativen Auswirkungen für uns und unsere Kinder haben. Wir fürchten den Verlust an Lebensfreude und Freiheit und haben Angst vor Nöten und Zerstörungen. Das sind aber genau die Begriffe, die ich mit einer Diktatur verbinde. Ich kenne keine einzige Diktatur, die jemals etwas Gutes für die Menschen, die Umwelt oder das Klima gebracht hätte. Ganz im Gegenteil:

Fast alle Diktatoren wurden demokratisch gewählt. Die Wähler wollten sie an der Spitze ihres Staates haben, weil die Erwählten schnelles und konsequentes Handeln ohne langes Rumdiskutieren versprachen. Die ersten Jahre sind die Wähler mit ihrer Wahl häufig noch zufrieden, weil sich die gewünschten Erfolge (scheinbar) einstellen. Sie akzeptieren deswegen immer mehr, dass Gesetze zu Gunsten des Staatsrepräsentanten geändert werden und langsam eine Diktatur entsteht. Steht die Diktatur erst einmal, zeigen sich schon bald die wahren Ziele des Diktators. Wer ähnlich denkt, hat Glück, während die anderen zunehmend unterdrückt werden. Klima und Umwelt spielen dann gar keine Rolle mehr. Treten dann noch Schwierigkeiten auf, so dass die Unzufriedenheit in der Bevölkerung wächst, kommt es schnell zur Eskalation. Diese Entwicklung kann man gerade in diesem Jahrhundert in vielen Ländern beobachten.

Daher kommen für mich die demokratischen Regeln auf jeden Fall vor dem Klima- und Umweltschutz. Nur wenn eine klare Mehrheit hinter den Zielen des Klima- und Umweltschutzes steht, die die Lösungswege akzeptiert und bereitwillig mitgeht, können wir den Klimawandel wirklich stoppen. Damit das gelingt, sind aber genau die Punkte in Kapitel 6.1 von Bedeutung.

Unsere, beziehungsweise meine Aufgabe ist es, unseren/meinen Mitmenschen das nötige Wissen und die Konsequenzen ihres Handelns zu erklären und Lösungswege aufzuzeigen. Denn wenn die Menschen genau verstanden haben, um was es geht und welche Optionen sie haben, dann wählen sie in der Mehrheit fast immer instinktiv die besten Optionen aus[64]. Meistens sind diese Entscheidungen sogar besser als die, die einzelne Politiker wählen würden[64]. Daher akzeptiere ich demokratisch gefällte Entscheidungen. Und wenn ich mit ihnen nicht einverstanden bin, versuche ich, sie durch demokratische Mehrheitsentscheidung zu ändern. Das heißt, ich werde weiter für meine Position werben.

6.2 Sinnvolle Reihenfolge der Umsetzung

Wir wissen alles zum Klimawandel, was wir brauchen, um zu handeln. Wir haben die wissenschaftlichen Erkenntnisse, die technischen Fähigkeiten und die Möglichkeiten, um ihn und die Zerstörungen in unserer Umwelt so aufzuhalten, dass wir unsere Lebensqualität nur wenig einschränken müssen. Aber die Zeit zum Handeln ist verdammt kurz geworden. Das Restkontingent an Treibhausgasen, das Deutschland für das 1,5°C Ziel noch zur Verfügung steht, reicht aktuell nur noch bis 2025. Danach verbrauchen wir die Kontingente, die anderen Staaten zugesprochen wurden. Das heißt, wir leben nach 2025 auf Kosten der übrigen Weltgemeinschaft.

Seit über 30 Jahren lassen wir fast alle Möglichkeiten zur Reduktion unserer Treibhausgas-Emissionen nutzlos verstreichen. Dadurch haben wir uns in eine Situation gebracht, die ich gerne mit der Situation während der Apollo 13-Mission im Jahr 1970 vergleiche[66]: Auf dem Weg zum Mond kam es zu einer schweren Explosion im Versorgungsmodul von Apollo 13. Die Beschädigungen waren so groß, dass die Restkontingente an Sauerstoff und Energie nicht mehr für eine Rückkehr zur Erde reichten und die drei Astronauten zum Sterben verurteilt waren. Aber der unglaublich starke Wille, die Astronauten zu retten und die gute Zusammenarbeit der unzähligen Techniker und Ingenieure am Boden mit den Astronauten, sowie ihre Kreativität und ihre Bereitschaft zum Umdenken haben das Unmögliche möglich gemacht. Alle drei Astronauten wurden am Ende gerettet[66].

Für mich war die Apollo 13-Mission die mit Abstand erfolgreichste Mondmission, weil sie zeigte, wozu wir Menschen fähig sind, wenn wir gemeinsam zusammenarbeiten, um unlösbare Situationen zu meistern. Wenn alle das gleiche Ziel vor Augen haben und nur dieses eine Ziel verfolgen und wir bereit sind, neue Wege kreativ zu denken, dann werden auf einmal Dinge möglich, die vorher unvorstellbar waren. Ich kann den Kinofilm „Apollo 13“, der die komplette Situation von damals erlebbar wiedergibt, wärmstens empfehlen. Diesen Geist brauchen wir heute mehr denn je.

Wenn wir erfolgreich sein wollen, können wir die Maßnahmen zum Klimaschutz nicht mehr in beliebiger Reihenfolge umsetzen, weil die Zeit inzwischen so knapp ist und die Ressourcen stark begrenzt sind. Das wird schnell klar, wenn wir nur an das Thema Wärmedämmung denken. Um alle unsere Häuser energetisch zu sanieren, brauchen wir unglaublich viel Dämmmaterial und enorm viele Fachkräfte und Handwerker. Dafür fehlen uns aber die Ressourcen. Insbesondere für die Herstellung der Dämmstoffe fehlen uns die regenerativen Energien. Würden wir das notwendige Dämmmaterial mit den derzeitigen Energiequellen herstellen, dann würden wir damit unser Restkontingent an Treibhausgasen sofort sprengen, weil wir immer noch von Öl, Erdgas und Kohle abhängig sind.

Genauso wie bei der Apollo 13-Mission gibt es daher eine klare Reihenfolge wie wir vorgehen müssen, um möglichst weit mit unserem Restkontingent zu kommen:

1. Wir müssen so viel Energie und Ressourcen wie möglich einsparen.
2. Der massive Ausbau der erneuerbaren Energien hat oberste Priorität, vor allen anderen Maßnahmen.
3. Die Wiederverwertung von Ressourcen, Materialien und Gegenständen hat hohe Priorität.
4. Aktionen und Maßnahmen, die die Treibhausgase aus der Atmosphäre abbauen und nicht aufwendig sind, sollten ebenfalls so schnell wie möglich durchgeführt werden. Zum Beispiel Bäume pflanzen.
5. Prozesse, die dringend benötigt werden oder bei denen auf einfache Art und Weise sehr viel Energie eingespart werden kann, sollten als erstes transferiert werden.
6. Prozesse, die eher dem Luxus oder dem Vergnügen dienen, sollten als letztes transferiert werden.

6.2.1 Einsparung von Energie

Dieses ist die wichtigste Energiequelle, die wir haben. Denn jede Kilowattstunde Energie, die wir einsparen, steht für andere Prozesse zur Verfügung, wo das Einsparen nicht so einfach ist. Außerdem reduziert sie unsere Ausgaben und erhöht unsere Liquidität. Was jeder Einzelne von uns zum Energiesparen tun kann, kann jeder massenhaft im Internet finden. Im Folgenden führe ich nur einige wenige sehr effektive Energieeinsparmethoden auf, die alle als Angebot zu verstehen sind:

- Autofahrten durch Fahrradfahrten oder Wege zu Fuß ersetzen. Das senkt den Treibstoffverbrauch auf null, reduziert den Verschleiß, erhöht die Lebensdauer des Autos und fördert die eigene Gesundheit.
- Die Wohnraumtemperatur in der kalten Jahreszeit absenken und als Alternative wärmere Kleidung wie zum Beispiel Pullover tragen. Mit jedem Grad Absenkung spart man bis zu 10 % Heizenergie ein.
- Alle Lampen, vor allem Glühlampen und Leuchtstoffröhren, sollten durch LED-Lampen ersetzt werden.
- Weniger und kürzer duschen und das warme Wasser nicht durchgängig laufen lassen, sondern den berühmten Waschlappen nutzen. Diese Methode spart echt viel Wasser und Energie.
- Waschvorgänge und Waschtemperatur reduzieren. Die meisten Kleidungsstücke können mehrere Tage hintereinander getragen werden, weil sie heute kaum noch schmutzig werden. Außerdem sind die Waschmittel inzwischen so gut, dass sie schon bei niedrigen Temperaturen Bakterien abtöten.
- Verzicht auf einen Wäschetrockner und auf Bügeln. Wäschetrockner sind wahre Energiefresser. Eine Wäscheleine erledigt das gleiche kostenlos und ohne Schaden für das Klima.
- Lebensmittel sollten eher regional und saisonal gekauft werden. Das minimiert den Energieverbrauch für das Wachstum (Tomatenzucht im Winter braucht viel Energie) und für den Transport.

Außerdem unterstützt es die heimische Landwirtschaft, die Wochenmärkte und spart häufig Verpackungsmaterial.

- Achtung: Bio heißt nicht automatisch umweltfreundlich. Bio bedeutet, dass das Produkt hochwertig ist. Aber Bio-Erdbeeren, die in weit entfernten Ländern mit Wasserknappheit erzeugt werden, benötigen viele wertvolle Ressourcen (z. B. Wasser) und viel Energie für den Transport.
- Verzicht auf Laubbläser, Laubsauger und Schneefräsen. Ein Rechen, ein Besen, eine Harke und ein Schneeschieber tun das Gleiche wesentlich leiser und frei von Treibhausgasen.
- Beim Auto und auch beim Fahrrad auf ausreichenden Luftdruck in den Reifen achten. Zu wenig Luft verbraucht sehr viel Energie, die vom Reifen in Deformationswärme umgewandelt wird. Besser ist es, an die obere Grenze des zulässigen Reifendrucks zu gehen.

Aber auch auf Seiten der Politik kann man durch Gesetzesänderungen und Beschlüsse sehr viel Energie einsparen, wenn die Politiker es wirklich ernst meinen:

- Streichung von klima- und umweltschädlichen Subventionen. Deutschland fördert mit 65 Milliarden Euro jedes Jahr Projekte, die klima- und umweltschädlich sind[42] (Stand 2018). Viele dieser Förderungen entfallen dabei auf den Verkehr und die konventionelle Energieversorgung. Ohne diese Förderungen wären erneuerbare Energien auf jeden Fall günstiger als fossile Energien.
- Die Einführung eines Tempolimits von 120 km/h auf den Autobahnen würde über 6 Millionen Tonnen CO_2 pro Jahr einsparen[68]. Wird zusätzlich ein Tempolimit von 80 km/h auf Bundes- und Landstraßen eingeführt, steigt die Reduktion auf 7,3 Millionen Tonnen CO_2 pro Jahr[68].
- Durch einen deutlichen Anstieg der CO_2-Steuer und/oder der Kosten für CO_2-Zertifikate könnte der Staat die Bürger schneller dazu bewegen, dass sie Energie-Einsparpotentiale auch wirklich

nutzen. Der Ukraine-Krieg und die damit verbundene Unterbrechung der deutschen Energieversorgung haben 2022 und 2023 zu Energieengpässen und entsprechenden Preissteigerungen geführt. Infolgedessen haben die Bürger deutlich weniger Energie verbraucht und auch Alternativen gesucht.

- Die steuerlichen Vergünstigungen bei der Dienstwagenregelung sollten nur für kleine und energiesparsame Fahrzeuge gelten.

6.2.2 Massiver Ausbau der erneuerbaren Energien

Ohne Energie geht nichts. Egal welche Maßnahmen wir auch immer zum Schutz des Klimas ergreifen, sie alle werden sehr viel Energie benötigen. Es wäre fatal, wenn wir jetzt für diese Maßnahmen fossile Energieträger verwenden, weil unsere Treibhausgas-Emissionen explodieren würden. Solange wir keine ausreichende Energieversorgung durch regenerative Energien haben, muss deren Ausbau mit höchster Priorität erfolgen. Deswegen sollten die erneuerbaren Energien vorrangig für die Produktion von regenerativen Energieanlagen verwendet werden. Das wird auf Dauer auch die Kosten für den Klimaschutz deutlich reduzieren.

Trotz dieser Erkenntnisse wird der Ausbau der regenerativen Energien immer wieder mit Scheinargumenten behindert. Aus diesem Grund möchte ich hier auf ein paar dieser Argumente eingehen.

6.2.2.1 Technologieoffenheit:

Dieses Argument ist ein Scheinargument. Nach dem Energieerhaltungssatz (Kapitel 2.1.3.1) kann Energie niemals erzeugt, sondern nur umgewandelt werden. Wenn unsere Energieversorgung billig und unabhängig sein soll, dann müssen wir die Energieträger nutzen, die wir **vor Ort** haben. Wegen des Klimawandels dürfen diese aber nicht auf fossilen Energieträgern basieren. Damit entfallen Kohle, Erdöl und Erdgas.

Dann überlegen wir mal, welche Energieträger wir in Deutschland haben, die diese Auflagen erfüllen: Das sind Windkraft, Photovoltaik, Wasserkraft, Biomasse, Geothermie und Uran (Wismut-AG).

- Kernspaltung (Uran) entfällt wegen der vielen Nachteile, die Kernenergie hat.
- Die Kernfusion wird noch einige Jahrzehnte benötigen. Das dauert zu lang und kommt zu spät.
- Wasserkraft ist weitestgehend ausgeschöpft. Es gibt also kaum noch nennenswert Potentiale.
- Geothermie ist nur in bestimmten Regionen effektiv nutzbar. Zum Beispiel Oberrheingraben, … .

Damit bleiben nur Windkraft, Photovoltaik und Biomasse übrig, die noch ein großes nutzbares Energiepotential bieten. Ihre Umwandlungsformen sind längst bekannt und es gibt nicht einmal ansatzweise neue technologische Ideen, wie diese Energien noch effizienter erzeugt und genutzt werden können.

Die letzten neuen Technologien, die im Bereich der Energiegewinnung entdeckt wurden, waren

- der Photoelektrische Effekt, für den Albert Einstein 1921 den Nobelpreis bekommen hat und
- die Kernspaltung, die Otto Hahn 1938 entdeckt hat.

Alle diese Ereignisse liegen weit in der Vergangenheit. Also auf welche neuen Technologien berufen sich die Leute, die Technologieoffenheit fordern? Richtig und pragmatisch ist, dass wir im Anbetracht des Zeitdrucks sofort das nutzen, was wir haben und kennen. Das heißt in unserem Fall: massiver Ausbau der Windkraft, der Photovoltaik und der Biogasgewinnung und -nutzung.

6.2.2.2 Fehlende Speichermöglichkeit

Dieses Argument zählt derzeit überhaupt nicht, weil wir noch weit von einem Überschuss an regenerativen Energien entfernt sind. Es stimmt zwar, dass Windkraftanlagen immer wieder abgeschaltet werden müssen, weil lokal zu viel Strom vorhanden ist. Aber das liegt daran, dass die Kapazitäten der Stromleitungen nicht ausreichen, um die Strommengen aufzunehmen und weiterzuleiten. Die Stromnetze auf dem Land sind häufig nur für kleinere Strommengen ausgelegt. Stromspeicher lösen dieses Problem nicht, sondern wir brauchen dringend eine Modernisierung und den Ausbau unseres Stromnetzes.

Außerdem brauchen wir gar nicht so viele Stromspeicher wie manche glauben. Wir haben bereits jetzt schon viele effiziente Technologien, um unsere Energieversorgung regenerativ zu stabilisieren. Dazu erfolgen weitere Erläuterungen in Kapitel 6.3.5.

6.2.2.3 Dunkelflaute

Mit Dunkelflaute bezeichnet man die Zeiten, wo es dunkel ist (Nacht, Regen) und gleichzeitig kein Wind weht. Also die Zeiten, wo Solarzellen und Windkraftanlagen ausfallen. Dazu ist folgendes zu sagen:

- Der höchste Energiebedarf besteht tagsüber, wenn es hell ist. Nachts, wenn es dunkel ist, schlafen die meisten Menschen. Die Solarzellen produzieren also genau dann Strom, wenn er am meisten benötigt wird. Der höchste Energiebedarf ist dabei um die Mittagszeit, wenn sehr viele Menschen ihr Mittagessen zubereiten.
- Die Energie aus Biomasse ist von diesen Schwankungen nicht betroffen. Deswegen sollten genügend Gaskraftwerke auf Basis von Biogas gebaut werden, die bei Engpässen den Strom liefern.
- Wir haben ein europäisches Verbund-Stromnetz, an dem alle europäischen Staaten angeschlossen sind. Es ist unwahrscheinlich, dass in ganz Europa gleichzeitig Windflaute herrscht. Außerdem haben Norwegen und die Alpenländer große Wasserkraftwerke, auf die man zurückgreifen kann.
- Wir haben jetzt schon einfach installierbare Energie-Speichermöglichkeiten, um unsere Energieversorgung zu stabilisieren. Dazu erfolgen weitere Erläuterungen in Kapitel 6.3.5.

- Vorerst haben wir fossile Kraftwerke, die noch ein paar Jahre in Reserve gehalten werden. Es gibt also genügend Zeit, in der alle Bedenken wegen „Dunkelflaute“ technisch beseitigt werden können.

6.2.2.4 Fehlende Grundlast

Früher hatte man bewusst Überkapazitäten für Energieengpässe eingeplant. Zeitweise hatte Deutschland über 180 % Kraftwerkleistung installiert, um 100 % Stromversorgung auf jeden Fall decken zu können. Das Gleiche können wir heute auch machen, nur dieses Mal mit regenerativen Energieanlagen. Eine Unterversorgung wäre dann fast ausgeschlossen und bei zu viel Strom würden die Anlagen abgeschaltet. Grundlastfähigkeit wird also durch Überkapazitäten erreicht.

Intelligente Stromnetze, die den Verbrauch an das Angebot anpassen können, benötigen außerdem keine Grundlast mehr. Bei vielen Geräten ist es egal, ob sie jetzt, in ein paar Stunden oder nachts laufen. Dazu gehören Waschmaschinen, Geschirrspüler usw. Der Stromkunde kann sie dann nach seinen eigenen Wünschen individuell so programmieren, dass sie dann laufen, wenn das Stromangebot günstig ist. Natürlich brauchen wir dafür intelligente Stromnetze, die die tagesaktuellen Stromangebote (z. B. Strompreise) mit übermitteln. Jede Ladestation für Autos ist inzwischen mit Datenleitungen für die Kommunikation ausgestattet, über die die Autos aushandeln können, wer bevorzugt geladen wird, wenn die Stromkapazitäten nicht ausreichen. Auch Industriebetriebe, wie zum Beispiel Aluminiumwerke, können ähnlich gesteuert werden. Und der Kunde lernt sehr schnell, sich dem Angebot anzupassen.

6.2.2.5 Windkraftanlagen zerstören die Umwelt

Windkraftanlagen stehen immer wieder in der Kritik wegen folgender Aussagen, zu denen ich ein paar Anmerkungen mache:

- Windkraftanlagen verschandeln die Landschaft: Natürlich sind Windkraftanlagen aus unserer Perspektive unübersehbar. Sie verändern damit das Landschaftsbild. Aber der Klimawandel wird unsere Landschaft wesentlich mehr verändern als die Windkraftanlagen. Und diese Veränderungen werden wesentlich gravierendere Folgen für uns haben, als nur optische Beeinträchtigungen. Siehe dazu Kapitel 5.1.3.
- Windkraftanlagen gefährden Greifvögel, insbesondere den Rotmilan. Dazu gibt es inzwischen ein EU-Forschungsprojekt „LIFE EUROKITE", dessen erste Ergebnisse in der Sendung Frontal 21 (ZDF) im Jahr 2022 vorgestellt wurden[70]. Demnach kommen die Windkraftanlagen erst an 6. Stelle von den vom Menschen verursachten Todesursachen. Auf Platz 1 liegen Giftköder für Nagetiere, gefolgt von Schnellstraßen und Autobahnen, Abschuss, Stromleitungen und Eisenbahnen. Außerdem sind Tiere und die Natur wesentlich anpassungsfähiger, als viele glauben.
- Windkraftanlagen stören durch Lärm, Blinken und Schattenwurf: Der Lärm durch unseren Autoverkehr ist genauso störend und er nimmt stetig zu. Gerade in den Städten müssen die Bewohner mit dem Lärm, den Abgasen, dem Scheinwerferlicht und der Gefahr durch Autos zu Recht kommen. Häufig ist dieser Verkehr sogar unnötig, während die Windkraftanlagen dringend gebraucht werden. Wir werden also Kompromisse finden müssen. Zum Beispiel, dass die Betroffenen die Anlagen selbst für kurze Zeitintervalle deaktivieren können.

6.2.3 Wiederverwertung von Ressourcen, Materialien und Gegenständen

Alle Materialien und Gegenstände brauchen bei ihrer Herstellung viele Ressourcen und viel Energie. Wenn wir also ihre Neuproduktion vermeiden, senken wir automatisch den Verbrauch. Dadurch wird auch die Emission von Treibhausgasen verringert. Deswegen sollten wir folgende Regeln beherzigen:

- Gegenstände und Kleidungsstücke sollten wir so lange wie möglich nutzen und nicht wegen rein modischer Trends anschaffen oder aussortieren. Gerade heutzutage gibt es unglaublich viel Unsinn zu kaufen und wir kaufen ihn, weil er billig ist. Aber finanziell billig heißt fast immer, dass der Preis woanders bezahlt wird: Niedriglohn, Ausbeutung und Umweltschäden.
- Defekte Geräte, Gegenstände und Kleidungsstücke sollten wir am besten reparieren oder flicken (lassen). Es ist häufig billiger, hochwertige Ware zu kaufen und diese im Schadensfall reparieren zu lassen, als billige Ware mehrfach zu kaufen.
- Wenn nicht mehr gebrauchte Sachen in einem brauchbaren Zustand sind, sollten wir sie weitergeben, damit andere sie weiternutzen können. Die neuen Besitzer brauchen dann keine neue Ware mehr kaufen und sparen dadurch ebenfalls.
- Wenn die Kleidungsstücke und Gegenstände nicht mehr genutzt werden können, sollten sie in die entsprechende Wiederverwertung geben werden. Dadurch können die in ihnen enthaltenen Rohstoffe und Ressourcen für neue Gegenstände wieder aufbereitet werden.

6.2.4 Aktionen, die die Treibhausgase in der Atmosphäre reduzieren

Um kostengünstig Treibhausgase aus der Atmosphäre zu entziehen, sind wesentlich mehr Grünflächen in unseren Städten und viel mehr Naturschutzgebiete nötig. Wir brauchen viel mehr Bäume in den Städten und viel mehr Wälder in der Natur. Mit dem Klimawandel werden auch bei uns die Temperaturen tagsüber deutlich steigen[71]. Einige Klimaforscher gehen davon aus, dass es ab 2050 in den deutschen Innenstädten so heiß wird wie heutzutage in Barcelona. Pflanzen und besonders Bäume werden deswegen besonders wichtig, weil sie folgende Aufgaben übernehmen:

- Beim Wachsen entziehen sie der Atmosphäre CO_2 und reduzieren damit den (lokalen) Treibhauseffekt. Im Gegenzug versorgen sie ihre Umgebung mit frischem Sauerstoff (siehe Abbildung 2-7).
- Sie spenden Schatten und schützen besonders im Sommer alles unter ihnen vor starker Überhitzung und starker Sonneneinstrahlung. Sie schützen den Boden vor dem Austrocknen und schützen auch vor der gefährlichen UV-Strahlung der Sonne.
- Durch Verdunstung von Wasser kühlen sie aktiv ihre Umgebung und bilden somit eine natürliche Klimaanlage. Werden Außenfassaden bepflanzt, erhalten sie einen natürlichen Schutz vor hohen Temperaturen. Die Bewohner dieser Häuser brauchen dann weniger Strom für ihre Klimaanlagen.
- Bäume und Pflanzen bieten zudem Schutz und Heimat für sehr viele Tiere und Pflanzen. Sie tragen so zum Leben und zum Artenreichtum (Biodiversität) bei.

Da Bäume aber viele Jahre zum Wachsen brauchen, müssen wir so schnell wie möglich mit dem Pflanzen beginnen. Der beste Startpunkt ist jetzt sofort.

6.3 Flexible Energieversorgung

Momentan sind wir es gewohnt, dass wir Energie immer und überall im Überfluss zur Verfügung haben. Das Gleiche gilt übrigens auch für Ressourcen, für Rohstoffe und für Lebensmittel. Wir leben in einer Überflussgesellschaft und was wir nicht mehr brauchen, werfen wir einfach weg. Bei Lebensmitteln wurden diese Verhaltensweise und ihre Folgen bisher am besten untersucht[72]. In Deutschland werfen wir jedes Jahr fast 11.000.000 Tonnen Lebensmittel weg[72] und das, obwohl weltweit die Hungersnöte zunehmen. An diesem Beispiel können wir erahnen, wie es im Energiesektor aussieht.

Um unsere Umwelt und unser Klima zu schützen, werden wir sowohl bei der Energieversorgung als auch bei der Rohstoffgewinnung und Lebensmittelversorgung deutlich umdenken müssen. Das bedeutet aber nicht, dass es uns hinterher schlechter geht und wir unter Mangel leiden. Zum Beispiel: Nur weil wir bei der Lebensmittelversorgung anfangen umzudenken, um das Wegwerfen von 11.000.000 Tonnen Lebensmittel pro Jahr zu vermeiden, bedeutet das nicht automatisch, dass wir anschließend Hunger leiden müssen. Sondern es bedeutet, dass für die Hungernden der Welt 11.000.000. Tonnen mehr Lebensmittel zur Verfügung stehen.

In diesem Kapitel werde ich eine Energieversorgung skizzieren, die uns zuverlässig mit Energie versorgt und gleichzeitig die Emission von Treibhausgasen reduziert und die Umwelt schont. Dabei kommt es vor allem auf Speichertechniken an und die sind zahlreicher und verblüffender, als in der Öffentlichkeit diskutiert wird.

6.3.1 Strom ist Premium-Energie

Strom ist der wertvollste Energieträger, den wir haben, weil Strom in alle anderen Energieformen ohne weitere Umweltverschmutzung transformiert werden kann. Er kann zudem durch sehr flexible und relativ kleine Leitungen besonders leicht und leise zum Einsatzort geleitet werden. Damit ist Strom Premium-Energie. Deswegen sollte bei allen Energieerzeugungsanlagen die Stromerzeugung die höchste Priorität haben. Anlagen, die fast ausschließlich Strom erzeugen, haben daher den höchsten Stellenwert.

6.3.2 Kraft-Wärme-Kopplung: Blockheizkraftwerk

Wenn wir also mit einem Brennstoff heizen wollen (Erdgas, Holz, Öl, Kohle, ...), dann sollten wir darauf achten, dass möglichst viel Energie des Brennstoffs in Strom umgewandelt wird. Die dabei anfallende Wärmeenergie kann anschließend zum Heizen verwendet werden. Dieser Vorgang verbirgt sich hinter dem Begriff Kraft-Wärme-Kopplung und lohnt sich auch finanziell, weil der Strom verkauft werden kann und damit die Brennstoffkosten senkt. Heizen wird dadurch billiger. Das effizienteste Kraft-Wärme-Kopplungs-Kraftwerk ist ein Blockheizkraftwerk (siehe Abbildung 4-3).

6.3.3 Fernwärme ist optimale Heizung

Bei der Fernwärme wird im Wohngebiet ein zentrales Wärmekraftwerk gebaut, das heißes Wasser erzeugt. Durch ein unterirdisches Rohrleitungssystem wird das heiße Wasser zu den einzelnen Häusern und das abgekühlte Wasser zurückgeleitet. Im Haus gibt es nur einen relativ einfachen Wärmetauscher und einen Wärmespeicher. Durch diesen Aufbau hat die Fernwärme folgende Vorteile:

- Die ganze aufwendige Heiztechnik liegt außerhalb der Häuser. Es gibt keine Gaszuleitung, keine Öltanks, keine Speicher für Holzpellets und keine Holzstapel. Es gibt keinen Kamin, keine Feuerstelle und ein Heizungsraum ist überflüssig. Es entfallen Kaminreinigung und aufwendige Wartungen der Heizung. Mit Fernwärme spart man viel Raum und reduziert auch die Gefahr von Unfällen wie zum Beispiel Gaslecks, Kohlenmonoxidvergiftung usw.
- Die Haushalte sind völlig unabhängig vom Energieträger, der die Fernwärme erzeugt. Deswegen müssen sich die Kunden auch nicht um gesetzliche und technische Auflagen für die Heizanlagen und den Energieträger kümmern.
- Die ganze Heiztechnik befindet sich zentral im Heizkraftwerk. Hier kann sie optimal gewartet und ihre Effizienz stetig verbessert oder nachgeregelt werden, ohne in jeden einzelnen Haushalt eingreifen zu müssen. Abfälle, die eventuell beim Heizen entstehen (z. B. Asche, Rauchgase, Giftstoffe, Feinstaub usw.) kön-

nen zentral viel besser aufgefangen, gefiltert und nachbehandelt werden.

- Die Art des Heizkraftwerks für Fernwärme entscheidet, welcher Energieträger zum Einsatz kommt:
  - Anfallendes Biogas, Holzabfälle, Müll oder andere Stoffe können in einem Blockheizkraftwerk verbrannt werden. Dabei kann zusätzlich Strom erzeugt werden.
  - Ein Wärmespeicher mit großen Tauchsiedern, die überschüssigen Strom in Wärme umwandeln, wenn z. B. zu viel Windenergie oder Solarstrom vorhanden sind. In diesem Fall funktioniert das Heizkraftwerk als Energiespeicher.
  - Große Wärmepumpen, die die Wärme aus der Umgebung (Flüsse, Seen, Luft, Erdreich usw.) gewinnen. Oder sie gewinnen die Wärme aus der Abwärme von Produktionsanlagen. Wärmepumpen können überall Wärmeenergie konzentrieren, wo Wärme anfällt.
  - Und so weiter! Es gibt keine Grenzen außer der eigenen Fantasie.
- Wenn es technische Neuerungen oder neue gesetzliche Auflagen gibt, kann ein Heizkraftwerk zu jederzeit wesentlich einfacher nachgerüstet oder auf einen anderen Energieträger umgerüstet werden, als die einzelnen Anlagen in den Häusern.

6.3.4 Dezentralisierung

Heute wird unsere Energieversorgung hautsächlich durch zentrale Einrichtungen realisiert. Unser Strom kommt zum großen Teil aus Großkraftwerken (z. B. Kohlekraftwerken und bis vor kurzem Kernkraftwerken). Erdöl wird mit Tankschiffen in wenige Hafenstädte geliefert oder gelangt per Pipeline nach Deutschland und wird am Ankunftsort in wenigen Raffinerien aufbereitet und von dort dann weiterverteilt. Bei Erdgas war es bis vor dem Ukrainekrieg noch schlimmer. Dort gab es nur sehr wenige Pipelines aus Russland.

Nur eine dezentrale Energieversorgung bietet eine sichere und unabhängige Energieversorgung, weil bei ihr sehr viele kleine Energiegewinnungsanlagen gleichmäßig über das ganze Land verstreut sind. Es ist unmöglich, alle diese Anlagen mit einem Schlag auszuschalten, wie es beispielweise mit der Sprengung von Nordstream I und II gelungen ist. Die dezentrale Energieversorgung hat zusätzlich folgende Vorteile:

- Die Versorgungsleitungen zwischen Energiegewinnung und Energienutzung sind relativ kurz. Dadurch werden Energieverluste durch die Übertragung deutlich verringert.
- Sollten für die Energiegewinnung Brennstoffe verwendet werden (wie zum Beispiel Biogas), können Blockheizkraftwerke eingesetzt werden. Dann kann die komplette Energie des Brennstoffes genutzt werden und ganze Stadtteile werden gleichzeitig mit Strom und mit Wärme versorgt (Kraft-Wärme-Kopplung).
- Dezentrale Energieanlagen bieten auch ungewöhnliche Symbiosen. Zum Beispiel benötigen Rechenzentren eine stabile und billige Stromversorgung, eine gute Kühlung, eine gute Anbindung ans Internet und aus Sicherheitsgründen am besten eine dezentrale Verteilung. Windkraftanlagen bieten alle diese Eigenschaften und sind deswegen ideal für Rechenzentren geeignet, zumal sie in ihrem Inneren viel ungenutzten Raum haben[73]. Windkraftanlagen bieten auch gute Standorte für Kommunikationsnetze wie z. B. 5G, weil sie überall in der Landschaft verteilt sind und sehr hohe Punkte für eine gute Abdeckung bieten. WestfalenWIND ist hier z. B. äußerst innovativ und kreativ[73].
- Dezentrale Energieanlagen sind zudem sehr gut für Bürgerbeteiligungen geeignet. Dadurch werden die Bürger direkt mit dem Thema vertraut, können sich aktiv beteiligen und profitieren direkt von ihrem Einsatz durch günstige Energiepreise. Das sorgt für Akzeptanz und Verständnis.
- Dezentrale Anlagen sorgen für mehr Arbeitsplätze in der Region. Das technisches Wissen und die Fähigkeiten, die Anlagen zu reparieren, werden viel breiter gestreut. Ausfälle durch Defekte

oder Wartungen treten daher im viel kleineren Maßstab auf. Das erhöht die Stabilität der Energienetze.

6.3.5 Speicherung von Energie

Der Ausbau der erneuerbaren Energien wird immer wieder mit dem Argument gebremst, dass Strom nicht in ausreichenden Mengen gespeichert werden kann, um zum Beispiel „Dunkelflauten" zu überbrücken. Siehe dazu die Informationen in Kapitel 6.2.2.2 bis 6.2.2.4. Deswegen müssten fossile Kraftwerke und eigentlich auch Kernkraftwerke noch lange Zeit die Stromversorgung sichern, so die weitere Argumentation. Mit anderen Worten: Wir müssen erst einmal das Speicherproblem lösen und können dann den Ausbau der erneuerbaren Energien weiter fortsetzen. Bis dahin brauchen wir den Strom aus Kohle- und Kernkraftwerken.

Diese Argumente beruhen auf einer sehr einseitigen und eingeschränkten Sichtweise. Denn dabei gehen die Vertreter davon aus, dass die gesamte Energie in Form von Strom in gigantischen Batterien gespeichert werden müsste. Das entspricht dem bisherigen zentralistischen Bild: Es muss quasi ein Kraftwerk aus Batterien geben, das eine ähnliche Leistung wie ein Großkraftwerk liefert. Wenn wir aber umdenken und uns von alten Vorstellungen lösen, dann finden wir ganz andere Lösungen, die schon heute erfolgreich im Einsatz sind und stets weiterentwickelt werden. Dazu sollten wir folgende Punkte im Hinterkopf haben:

- Wir verwechseln gerne den Endenergieverbrauch mit dem Primärenergieverbrauch. Endenergie ist die Energiemenge, die der Verbraucher am Ende benötigt. Primärenergie ist die Energiemenge, die benötigt wird, damit der Verbraucher die gewünschte Endenergie bekommt. Zum Beispiel muss im Kohlekraftwerk für die benötigte Endenergie dreimal so viel Primärenergie eingesetzt werden. Deutschland hatte im Jahr 2021 einen Primärenergiebedarf von 3.456.000 GWh[76], aber nur einen Endenergiebedarf von 2.407.000 GWh[77]. 1 GWh = 1 Mio. kWh.

- Jeder Verbraucher hat inzwischen über das Internet Zugang zu enorm vielen Daten. Wenn wir minutengenau Daten zum aktuellen Stromangebot erhalten, könnten wir viele Energieverbraucher (z. B. Waschmaschinen) so programmieren, dass sie die Verfügbarkeit von Strom berücksichtigen. Zum Beispiel könnten sie über den Strompreis gesteuert werden.
- Welche Energieform wird beim Verbraucher wirklich gebraucht und kann man diese Energieform auch direkt vor Ort speichern? Wer sein Haus mit Strom heizt (z. B. Wärmepumpe), der kann einen Wärmespeicher als Puffer verwenden. Wärmeenergie lässt sich technisch wesentlich leichter und billiger speichern als Strom in Batterien. Kommt es dann zum vorübergehenden Strommangel, kann die Wärme aus dem Puffer zum Heizen verwendet werden.
- Wo gibt es potentielle Stromspeicher, die zweckentfremdet werden könnten? Zum Beispiel dient ein Stausee der stabilen Wasserversorgung der Haushalte und der Flüsse (Schifffahrt). Der Stausee kann aber auch zur Stromerzeugung genutzt werden, ohne seine eigentliche Aufgabe einzuschränken. Durch geschickte Taktung der Aufgaben kann das Wasser genau dann abgelassen werden, wenn gerade Strom benötigt wird.
- Wie können die einzelnen Energiespeichersysteme geschickt miteinander verknüpft werden? Wann sollten vorzugsweise Wasserkraftwerke genutzt werden und wann Biogas-Kraftwerke oder andere Energiespeichersysteme? Denn wenn die Talsperre randvoll ist, kann sie als Erstes genutzt werden. In der gleichen Zeit kann neues Biogas in der Landwirtschaft generiert und gespeichert werden.
- Ein Speicher soll vorrangig tägliche bis wöchentliche Energiespitzen glätten und nicht mehr.

In den nachfolgenden Unterkapiteln werden einige Energiespeichersysteme aufgelistet, die unsere Energieversorgung im Wechselspiel sehr gut sichern können.

6.3.5.1 Wasser-Wärmespeicher für benötigte Wärmeenergie

In jedem Bereich, in dem wir Menschen uns aufhalten, wird Wärme benötigt: Als Wärme zum Heizen, zum Duschen, zum Baden, zum Abwasch, zum Wäschewaschen, im Schwimmbad und noch in vielen Bereichen mehr. Wenn die Wärme erst dann erzeugt wird, wenn sie aktuell gebraucht wird, kann es besonders bei Stromheizungen (Durchlauferhitzer) zu Stromengpässen kommen. Wird hingegen ein Wärmespeicher als Puffer genutzt, ist das kein Problem. Warmwasserspeicher sind sehr einfach aufgebaut, billig in der Anschaffung und im Betrieb und sehr effiziente Energiespeicher. Der Wärmespeicher kann dann aufgeladen werden, wenn Energie im Überschuss vorhanden ist und puffert so die Wärme für die Zeiten, wo es weniger Energie gibt. Zum Beispiel kann er tagsüber durch Solarkollektoren aufgeheizt werden und liefert auch dann Wärme, wenn es dunkel ist. Genauso können Warmwasserspeicher auch mit dem Strom eines Windparks erhitzt werden, anstatt den Windpark abzuregeln, weil gerade zu viel Strom vorhanden ist. Die Kombination Warmwasserspeicher und Wärmepumpe bietet zudem sehr viel Potential, um Wärmeenergie effizient zu nutzen. Vorhandene, gespeicherte Wärme reduziert den aktuellen Strombedarf, um Wärme zu erzeugen.

6.3.5.2 Salz-Wärmespeicher für Stromerzeugung[74]

Im größeren Maßstab kann aber auch Wärmeenergie für die Stromerzeugung gespeichert werden. Dazu kann mit überschüssigem regenerativem Strom große Hitze in Wärmespeichern aus Salz gespeichert werden. Das Salz schmilzt bei einigen hundert Grad (300°C aufwärts)[74]. Das flüssige Salz speichert dabei die Energie nicht nur in Form von Temperatur, sondern auch als Energie, die zum Schmelzen des Salzes nötig ist (Schmelzenthalphie). Diese Energie wird beim Übergang vom flüssigen zum festen Salz wieder frei. Jeder kennt diesen Effekt von Wärmepads. Mit den hohen Temperaturen (über 300° C) kann bei Bedarf Wasser verdampft und mit dem Wasserdampf ein Generator zur Stromerzeugung angetrieben werden: das Prinzip Dampfmaschine (siehe Kapitel 4.2.2).

Da Salz-Wärmespeicher so hohe Temperaturen haben und mit ihnen Strom erzeugt werden soll, benötigen sie große Anlagen mit entsprechender Infrastruktur. Daher sind vorherige Kohle- oder Kernkraftwerke ideale Standorte, weil es hier die ganze notwendige Strom-Infrastruktur gibt. Es muss nur der Kohleofen bzw. Kernreaktor auf Salz-Wärmespeicher umgestellt werden und der Stromtransport in das Kraftwerk muss funktionieren, damit die Salz-Wärmespeicher bei einem Überangebot von Strom aufgeheizt werden können.

6.3.5.3 Biogas als Energiespeicher

Nach dem Absterben oder bei der Verdauung in Tieren verrotten die Pflanzen über mehrere Zwischenstufen. Dabei entstehen fast immer brennbare Gase wie z. B. Methan (CH_4). Diese Gase landen am Ende als CO_2 in der Atmosphäre. Diesen Prozess können wir Menschen nicht aufhalten. Aber wir können die anfallenden Biogase auffangen und speichern. Bei Strommangel können wir diese Biogase dann in Strom umwandeln.

Genau dies geschieht auf Bauernhöfen in Behältern für pflanzliche Reste und Gülle, in Kläranlagen (Faulturm) und in Kompostanlagen für Bioabfälle. In diesen Anlagen fällt kontinuierlich Biogas an. In den Zeiten, wo regenerative Anlagen genügend Strom liefern, kann das Biogas kontinuierlich und langfristig für Notfälle gespeichert werden. Theoretisch kann das Biogas auch im vorhandenen Erdgasnetz gespeichert werden. Wenn dann einmal viel zu wenig regenerative Energien existieren und andere, kurzfristigere Energiespeicher bereits aufgebraucht sind, kann dieses Biogas in Gaskraftwerken verstromt werden. Im Idealfall handelt es sich dabei um Blockheizkraftwerke, denn die zusätzlich entstandene Abwärme kann auch zum Heizen der Haushalte verwendet werden und der Wirkungsgrad steigt.

6.3.5.4 Power2Gas als Energiespeicher

Überschüssiger, regenerativer Strom kann auch dazu verwendet werden, um Wasser per Elektrolyse in Wasserstoff (H_2) und Sauerstoff (O_2) umzuwandeln (siehe Abbildung 2-3). Dieser Prozess wird als Power2Gas bezeichnet. Der Wasserstoff kann anschließend als Energieträger gespeichert werden. Bei Strommangel kann der Wasserstoff in einer Brennstoffzelle mit dem Sauerstoff aus der Atmosphäre reagieren. Dabei entstehen Strom und Wasserdampf. Dieser Prozess hat aber folgende Nachteile:

- Bei der Umwandlung geht sehr viel Energie verloren. Das liegt daran, dass aus **flüssigem** Wasser **gasförmiger** Wasserstoff und Sauerstoff wird, der in einer Brennstoffzelle zu Wasserdampf wird. Aus flüssigem Wasser wird am Ende Wasserdampf (ein Gas). Und die Energie, die dafür benötigt wird, geht leider unweigerlich verloren. Diese Energie wird auch als Verdampfungsenthalpie bezeichnet.
- Wasserstoffmoleküle sind sehr klein, so dass sie ohne größere Schwierigkeiten viele Materialien durchdringen können (Diffusion). Daher brauchen wir für die Speicherung von Wasserstoff sehr dichte Behälter, durch die der Wasserstoff weniger leicht diffundieren kann. Das bisherige Erdgasnetz muss daher für den Transport und die Speicherung von Wasserstoff komplett umgerüstet werden.
- Um mit Wasserstoff nennenswerte Energiemengen zu speichern, wird entweder ein sehr hoher Druck benötigt oder der Wasserstoff muss verflüssigt werden. Wasserstoff wird aber erst bei -250°C flüssig. Allein für die Erzeugung der Kälte oder des Drucks wird sehr viel Energie benötigt. Und es werden Spezialbehälter gebraucht. Dennoch geht viel Wasserstoff verloren, da er sich stets leicht erwärmt und es so zum Überdruck kommt, der aus Sicherheitsgründen abgelassen werden muss.

Allein diese drei Nachteile führen bei der Energiespeicherung mit der Methode Power2Gas zu sehr hohen Energieverlusten. Deswegen sollte auf diese Technologie solange verzichtet werden, bis der Ausbau der erneuerbaren Energien ansatzweise den Energiebedarf Deutschlands deckt. Bis dahin ist jede noch so kleine Menge erneuerbarer Energie sehr wertvoll für den Klimaschutz und muss so effizient wie möglich eingesetzt werden, um unsere CO_2–Emissionen möglichst schnell zu senken.

6.3.5.5 E-Fuels als Energiespeicher[75]

E-Fuels gelten heute als Hintertür zur Rettung für Verbrennungsmotoren. Aber E-Fuels sind eine gigantische Energieverschwendung. Sie basieren auf der Herstellung von Wasserstoff (siehe Power2Gas Kapitel 6.3.5.4), der über viele weitere Verarbeitungsschritte zu synthetischen Kraftstoffen umgewandelt wird. Dabei entstehen weitere hohe Energieverluste. Mit der gleichen regenerativen Energiemenge, die ein mit E-Fuel betriebenes Auto für eine Strecke benötigt, können 6 bis 7 batteriebetriebene Autos die gleiche Strecke zurücklegen[75]. Die Herstellung von E-Fuels ist hochgradig ineffizient und sehr teuer. E-Fuels sollten daher nur in den Bereichen eingesetzt werden, wo es keinen anderen regenerativen Energieersatz gibt. Zum Beispiel bei Flugzeugen und Schiffen. Solange die erneuerbaren Energien kaum den Energiebedarf Deutschlands decken, sollten E-Fuels nicht im großen Maßstab weiter verfolgt werden. Ihr Einsatz beim Auto ist purer Luxus.

6.3.5.6 Batterien von E-Autos als Energiespeicher

Viele glauben, dass sie Batterien im Haus installieren müssen, um ihr Haus gegen Strommangel zu schützen. Diese Batterien brauchen aber viele Ressourcen, viel Platz, sind sehr teuer, benötigen Wartung und sind nicht ungefährlich (Brandgefahr). Sie wären die meiste Zeit völlig nutzlos, weil sie stets aufgeladen sind und nur in den sehr wenigen Fällen zum Einsatz kommen, wo der Strom wirklich knapp ist.

Dabei haben wir längst einen schnell wachsenden Bereich an flexiblen Batterien. Jedes Elektro-Fahrzeug (E-Auto) ist mit einer Batterie ausgestattet, die mindestens 50 kWh bis 100 kWh elektrische Energie speichern kann. Außerdem haben fast alle E-Auto-Besitzer eine Ladesäule an oder bei ihrem Haus. Wie alle Autos stehen auch E-Autos die meiste Zeit herum und sind nur kurze Zeit im Betrieb (siehe Kapitel 5.4.3.2). Wenn E-Autos an einem Ort länger parken, wie zum Beispiel zu Hause oder am Arbeitsplatz, dann wird die Zeit gerne zum Laden des Fahrzeuges genutzt.

Mit anderen Worten: Jeder E-Auto-Besitzer hat automatisch eine leistungsstarke und flexible Batterie in seiner Nähe, die über das Ladekabel und die Ladesäule meistens mit dem Stromnetz verbunden ist. Mit einem intelligenten Lade- und Entlade-Management können wir jetzt die Auto-Batterien geschickt zur Stabilisierung unseres Stromnetzes verwenden. Dazu braucht die Ladesäule einen Zugang zum Internet und der Autohersteller muss das Batteriemanagement um die Funktion „Entladen ins Stromnetz“ erweitern. Bei Strommangel kann das E-Auto dann aufgefordert werden, einen Teil seiner Batterieladung ins Netz abzugeben. Wie groß dieser Teil sein darf, kann der Besitzer selbst festlegen.

Dieses intelligenten Lade- und Entlade-Management hätte folgende Vorteile:

- Statt zwei Batterien (eine im Haus und eine im E-Auto) wird nur eine einzige Batterie für beide Aufgaben benötigt: Zum Autofahren und zur Stabilisierung des Stromnetzes. Das spart wertvolle Ressourcen wie z. B. Lithium. Außerdem wird die Batterie stets genutzt und dient nicht nur als Reserve.
- Die Autobatterie stabilisiert nicht nur die Stromversorgung eines Hauses, sondern sie unterstützt das gesamte Stromnetz und zwar genau dort, wo der Besitzer sich gerade aufhält und Strom benötigt.

- Die Batterien sorgen dafür, dass die regenerativen Energien „grundlastfähig“ werden. Gibt es zu viel regenerativen Strom, wird der überschüssige Strom zum Laden der Akkus verwendet. Gibt es zu wenig regenerativen Strom, wird der fehlende Strom aus den Akkus ins Netz gespeist.
- Die Batterien befinden sich außerhalb des Hauses und sind so keine Gefahrenquelle für das Haus. Außerdem können sie bei Werkstattbesuchen regelmäßig gewartet und repariert werden.

Deutschland benötigt 2.407.000 GWh Endenergie im Jahr[77]. Das sind etwa 6.600 GWh am Tag. Wenn von den 66 Millionen zugelassenen PKWs 2/3 E-Autos wären und jedes Auto im Mittel 50 kWh Energie als Reserve für das Stromnetz anbieten würde, dann kämen wir auf 2.200 GWh Stromreserve. Das sollte reichen!

6.4 Nachhaltigkeit durch Teilen

„Geteiltes Leid ist halbes Leid und geteilte Freude ist doppelte Freude!“ Jeder kennt dieses Sprichwort und jeder versteht in der Regel, was dieser Spruch bedeutet. Er ist die Basis jedes erfolgreichen Teams. Wir tun uns als Team zusammen, tauschen Erfahrungen aus und helfen uns gegenseitig, die Herausforderungen des Alltags zu bewältigen. Niemand kann alles, aber indem ich in eine Gemeinschaft gehe, werde ich bei dem unterstützt, was ich nicht kann oder schaffe. Und ich unterstütze andere mit meinen Fähigkeiten.

Heute glauben viele, dass sie mit Geld das Gleiche erreichen, indem sie sich die Unterstützung kaufen. Aber Kaufen ist nicht nachhaltig. Beim Kaufen gehe ich keine längerfristige Bindung ein und bringe mich auch nicht selbst ein. Die Dienstleistung endet mit der Bezahlung. Eine Gemeinschaft bietet Sicherheit und wenn ich auf Geld statt Gemeinschaft setze, muss ich mir diese Sicherheiten kaufen. Deswegen kaufen viele Leute Sachen auf Vorrat und lagern sie für den Fall, dass sie vielleicht irgendwann mal gebraucht werden.

Teilen ist hingegen viel mehr. Hinter dem Teilen verbirgt sich eines der wichtigsten Grundgesetze der Natur. Es ist der Unordnungssatz [Entropiesatz], den wir in Kapitel 2.1.4 bereits kennengelernt haben. Die Natur versucht stets Extreme auszugleichen und Situationen zu beruhigen. Überschüsse werden gleichmäßig verteilt und Mangel wird aufgefüllt. Wer zu viel von etwas hat, der gibt seinen Überschuss in die Gemeinschaft. Wer zu wenig von etwas hat, der erhält Ausgleich von der Gemeinschaft. Umso größer diese Gemeinschaft ist und je mehr sie auf Teilen setzt, desto größer sind die positiven Folgen für uns und unsere Umwelt. Um dies zu verdeutlichen, schauen wir uns in den folgenden Kapiteln die Auswirkungen in einer Stadt oder einem Stadtteil an, wenn dort eine Gemeinschaft existiert, in der das Teilen gelebt wird.

6.4.1 Einrichtung von Leihstellen

Einen großen Teil unseres Wohnraums brauchen wir für die Aufbewahrung von allen möglichen Sachen. Entweder sind sie zu schade zum Wegwerfen oder wir könnten sie eventuell irgendwann in der Zukunft vielleicht noch mal gebrauchen. Obwohl wir alle schon so viele Dinge haben – pro Person besitzen wir im Durchschnitt über 10.000 Teile – fehlt uns trotzdem immer noch irgendetwas, das wir dann kaufen und später nach Gebrauch ebenfalls lagern.

Diese Auswirkungen können wir deutlich reduzieren, wenn wir in unserem Stadtteil ein oder mehrere Leihstellen einrichten, in denen wir benötigte Sachen günstig ausleihen können. Die Anwohner können hier intakte Sachen zum Verleihen abgeben, die sie nicht mehr benötigen, oder die Leihstelle kauft benötigte Dinge nach Bedarf. Fast alle Sachen, die nicht für den Verbrauch bestimmt sind, können verliehen werden: Bücher, CDs, DVDs, Werkzeug, Gartengeräte, Geschirr, Besteck, Spiele, Spielzeug, Spezialgeräte, Kleidung usw.

Diese Leihstellen sind Gemeinschaftsbesitz der Stadtteil-Bewohner und nur sie sollten das Recht haben, Sachen hier auszuleihen. Dadurch soll die Verbundenheit mit den Leihstellen und das Engagement für sie verstärkt werden.

Vorteile der Leihstellen:

- Es wird deutlich weniger Wohnraum pro Einwohner benötigt oder die Bewohner haben viel mehr Platz, weil wesentlich weniger Sachen in der Wohnung bzw. im Haus gelagert werden müssen. Idealerweise können wir dann kleinere Wohnungen mieten und sparen so Miete.
- Es werden enorm viele Ressourcen und Energie eingespart, weil nur noch sehr wenige Artikel für viele Leute angeschafft werden müssen. Zum Beispiel braucht nicht jeder eine Bohrmaschine, die die meiste Zeit gelagert wird. Es reichen 3 bis 4 gute Bohrmaschinen für den Stadtteil zum Verleih aus.
- Weil nur so wenige Maschinen und Sachen benötigt werden, kann und sollte ihre Qualität sehr hochwertig sein. Die Maschinen sind so viel langlebiger und lassen sich leichter reparieren als billig gekaufte Maschinen. Das ist nachhaltiger Umweltschutz und es macht Spaß mit hochwertigen Geräten zu arbeiten, weil die Arbeitsergebnisse häufig viel besser sind.
- Die Zahl der ausleihbaren Artikel dürfte wesentlich größer sein, als die, die wir normalerweise besitzen. Statt 10 DVDs im Privatbesitz hat man so Zugriff auf mehrere 100 DVDs in der Leihstelle.
- Ich muss wesentlich weniger Geld ausgeben, weil ich die Geräte oder Artikel nicht kaufe, sondern ausleihe. Dadurch habe ich viel mehr Geld für andere wichtigere Dinge oder ich kann meine Arbeitszeit reduzieren.
- Ich kann Sachen und Geräte ausleihen, für die ich sonst kein Geld zur Verfügung habe oder für die ich niemals Geld ausgeben würde.

- Manchmal brauchen wir Sachen einmalig oder nur für kurze Zeit. Da ist Ausleihen sehr praktisch. Zum Beispiel kann ich für Kinder altersgerechtes Spielzeug individuell nach Bedarf ausleihen und nach Gebrauch wieder zurückgeben. So kann ich viel mehr Spielsachen ausprobieren und der nächste Ausleiher freut sich aus den gleichen Gründen. Unsere Keller muss so weniger lagern.

6.4.2 Secondhand, Tauschstellen und Reparieren

Artikel können nicht nur verliehen werden, sondern auch dauerhaft an Interessenten weiterverkauft werden. Das betrifft besonders Kleidung, Möbel und andere Accessoires. Gerade bei Kleidung findet inzwischen eine nicht mehr hinzunehmende Wegwerfkultur statt, die enorm viele Umweltschäden anrichtet und in der gesamten Produktionskette Arbeiter ausbeutet. Deswegen ist es besonders wichtig, dass brauchbare Kleidung nicht weggeworfen wird. Sie sollte im Secondhandbereich weitergehandelt werden.

Deswegen sollten nicht mehr gebrauchte Artikel an extra eingerichteten Secondhandstellen im Stadtgebiet abgegeben werden. Falls die Sachen beschädigt sind, können sie häufig repariert oder aufbereitet werden. Anschließend können sie in Secondhandläden verkauft oder gegen andere Artikel getauscht werden.

Falls Sachen von uns defekt sind, wir sie aber gerne weiternutzen möchten, sollten wir sie reparieren (lassen). Ein Schneider, ein Schuster oder sonstige Reparaturdienste lohnen sich besonders bei guter Qualität der Artikel oder wenn sie uns viel bedeuten.

Vorteile:

- Es werden viele Ressourcen und Energie eingespart, weil die Artikel länger und mehr genutzt werden.
- Weil gute Qualität beim Wiederverkauf gute Preise erzielt, wird die Qualität der Ware steigen, insbesondere bei der Kleidung. Denn wir sind dann auch bereit mehr für die Qualität des Produktes auszugeben.

- Es gibt Arbeit für Näher(innen), Werkstätten und Restauratoren in der Nähe. Secondhand und Leihstellen fördern somit die lokalen Arbeitsplätze. Dienstleistungen ersetzen Neuproduktion.
- Auch der anfallende Müll wird weniger und die Kosten sinken. Recycling schont zudem unsere Ressourcen und damit die Abhängigkeit.

6.4.3 Mensa/Kantinen für den Stadtteil

Jeder Mensch braucht Mittagessen und Abendessen. Viele von uns haben aber häufig keine Zeit und/oder keine Lust zum Kochen. Deswegen kaufen sie Fastfood oder Fertiggerichte, die nur noch aufgewärmt werden müssen. Diese Gerichte sind meistens sehr ungesund, eher von schlechter Qualität und zudem stark verpackt. Bei ihnen fällt sehr viel Verpackungsmüll an. Schulen, Kitas und andere Einrichtungen werden häufig von Catering-Services beliefert, die nicht selten das Essen ebenfalls in Einwegverpackungen anbieten (zum Beispiel in Aluschalen). Alternativ könnten wir auch in ein Restaurant gehen. Aber für einen Restaurantbesuch brauchen wir viel Zeit, weil diese eher auf ein gemütliches Essen ausgerichtet sind. Im Alltag wollen die meisten von uns nur möglichst schnell und günstig etwas Gutes zu Essen.

Aus diesem Grund ist die Einrichtung von ein oder zwei Mensen in jedem Stadtteil sinnvoll. Diese Mensen müssen allen Menschen offen stehen, wobei für Schüler, Kitakinder und Studenten Sonderkonditionen gelten können. Die Mensa der Universität Paderborn ist dafür ein gutes Beispiel. Da Schüler das Schulgelände in der Regel nicht verlassen dürfen, wäre es gut, wenn die Mensen direkt an die Schulen und Kitas grenzen. Denn dann ist die Belieferung einfacher oder entfällt sogar.

Die Gerichte sollten nach Belieben selbst zusammengestellt und kombiniert werden können. Auf diese Weise entsteht eine riesige Vielfalt an Gerichten und der Kunde hat nur Beilagen auf dem Teller, die er auch wirklich mag. Außer Mittagessen könnten in den Mensen auch Abendessen und mehr angeboten werden.

Vorteile:

- Es fällt nahezu kein Verpackungsabfall an. Alle Zutaten können in großen, wiederverwertbaren Kisten und Behältern geliefert werden. Das entlastet die Müllberge gewaltig, weil beim Kochen zu Hause alle Zutaten in kleinen Portionen in Einwegverpackungen verpackt sind.
- Es wird sehr viel Energie eingespart, weil nicht jeder zu Hause auf seinen Herdplatten etwas kocht oder aufwärmt. In der Mensa werden Lebensmittel im großen Maßstab mit effizienter Technik gegart. Die Wärmeverluste sind bei Weitem nicht so hoch wie zu Hause, weil die großen Töpfe ganz anders davor geschützt werden können.
- Lebensmittel können in der Mensa korrekt gelagert werden, damit sie nicht so schnell verderben. Kühlräume können wesentlich energieeffizient gebaut werden, als Kühlschränke.
- Statt Einweggeschirr wie zum Beispiel an der Pommes- oder Wurstbude, gibt es normales Geschirr. Dieses Geschirr wird nach Gebrauch mit effizienten Spülmaschinen schnell, umweltschonend und einfach gereinigt. Das spart ebenfalls sehr viel Energie, Ressourcen und reduziert den Abfall.
- Die Menschen bekommen in der Mensa eine ausgewogene und gesunde Mahlzeit. Bei vielen kann sich dadurch die Gesundheit verbessern, weil sie zuvor überwiegend von Fastfood gelebt haben. Das entlastet die Krankenkassen.
- Die Menschen müssen nicht mehr zu Hause selbst kochen und sparen dadurch sehr viel Zeit, die sie zum Arbeiten oder für ihre Freizeit nutzen können.
- Die Anzahl an zusammenstellbaren Gerichten ist sehr groß im Vergleich zum Essen zu Hause. Für jeden ist immer etwas dabei und es bleiben weniger Reste auf dem Teller.

- Es werden wesentlich weniger Lebensmittel weggeworfen, weil die meisten Gerichte oder Beilagen am nächsten Tag nochmals angeboten werden können. In der Regel finden sie immer Abnehmer.
- Es findet viel mehr Kommunikation unter den Menschen statt. Mensen sind soziale Treffpunkte für alle Menschen und man lernt hier viele interessante Leute kennen und kann Kontakte knüpfen.

6.5 Nachhaltigkeit beim Bauen

Beim Bauen gibt es sehr viele Möglichkeiten, damit das Bauen wesentlich nachhaltiger wird:

- Die Bauform entscheidet über den Ressourcen- und späteren Energie-Verbrauch des Gebäudes.
- Die verwendeten Materialien und ihre Nutzung entscheiden über die Nachhaltigkeit des Gebäudes.
- Die Qualität der Materialien entscheidet über die Langlebigkeit und damit über die Nachhaltigkeit.

6.5.1 Einfluss der Bauform auf die Nachhaltigkeit

Jeder Deutsche träumt von einem Einfamilienhaus auf dem Land. Das ist eines unserer größten Lebensziele. Da Bauland aber auch auf dem Land inzwischen relativ teuer ist, gehen wir Kompromisse ein. Wir reduzieren das Bauland soweit es geht und wie wir es uns noch leisten können. Wir halten aber am Einfamilienhaus fest. Das hat häufig die Folge, dass das Grundstück um das Einfamilienhaus herum nur noch aus dem Mindestabstand (Brandschutzabstand) besteht. Siehe folgende Darstellung:

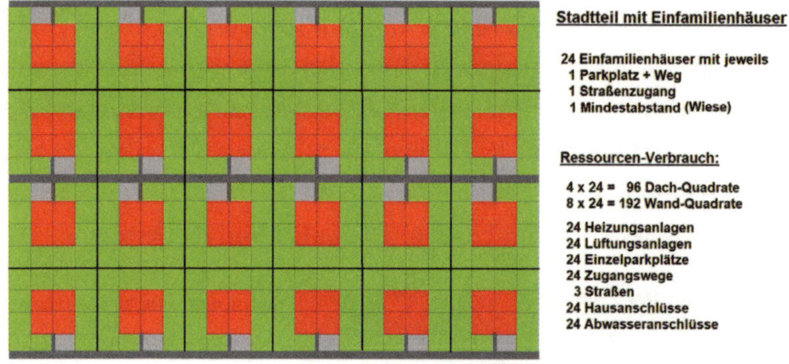

Abbildung 6-1: Ressourcen-Verbrauch von Einfamilienhäuser

Jedes Einfamilienhaus ist völlig unabhängig von den anderen Häusern. Auf der rechten Seite ist der Ressourcen-Verbrauch dieser Bauweise angegeben, wenn die Häuser nur eine Etage hoch sind. Um es besonders anschaulich zu machen, bezieht sich der Ressourcenverbrauch von Dach und Wand auf die Flächen der kleinen roten Quadrate in der Abbildung. Die hellgrauen Quadrate stellen Parkflächen da, die dunkelgrauen Flächen sind Wege und Straßen. In den nächsten Darstellungen wird der gleiche Wohnraum nur anders zusammengesetzt ohne dabei die Größe und die Besitzform zu ändern.

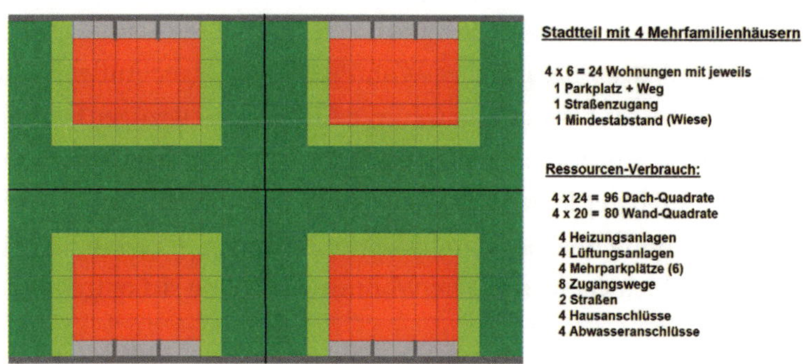

Abbildung 6-2: Ressourcen-Verbrauch von Mehrfamilienhäuser mit einer Etage.

In Abbildung 6-2 sind jeweils 6 Einfamilienhäuser zu einem Mehrfamilienhaus zusammengesetzt und der zugehörige Garten wurde auch zusammengelegt. Allein diese Maßnahme reduziert den Außenwand-Anteil von 192 Teilen auf nur noch 80 Teile. Der Garten ist dadurch auch mehr als nur ein Mindestabstand zum nächsten Haus. Diese neue Nutzfläche ist dunkelgrün dargestellt.

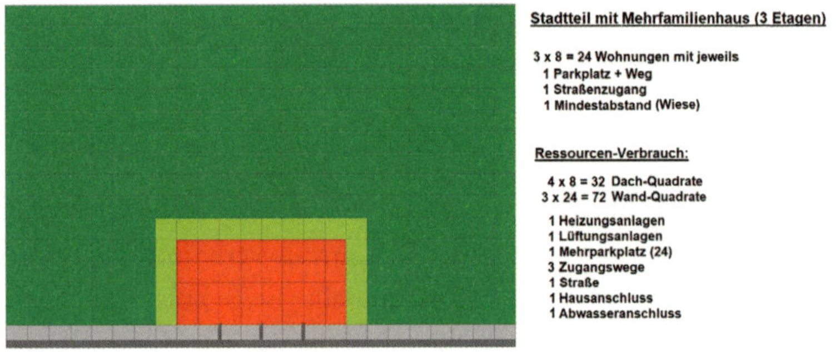

Abbildung 6-3: Ressourcen-Verbrauch von Mehrfamilienhäuser mit mehreren Etagen.

Der gleiche Wohnraum aus Abbildung 6-1 und Abbildung 6-2 wird nun in einem Mehrfamilienhaus über mehrere Etagen zusammengebaut. Das Ergebnis ist in Abbildung 6-3 mit 3 Etagen zu sehen. Dadurch reduziert sich der Ressourcen-Verbrauch für die Außenhülle (Dach + Außenwand) auf 1/3 der Außenhülle aller Einfamilienhäuser bei gleicher Wohnfläche. Weniger Außenfläche bedeutet weniger Dämmung, weniger Außenputz, weniger Fenster. 2/3 der dafür ansonsten benötigten Materialien werden nicht mehr benötigt. Auch der Heizbedarf reduziert sich um mehr als die Hälfte, weil die Außenfläche, durch die die Heizenergie verloren geht, deutlich verkleinert wurde. Die Wohnungen halten sich gegenseitig warm.

Bei dieser Bauweise braucht man statt 24 Heizungs- und Lüftungsanlagen nur noch eine Anlage pro Gebäude. Die kann deswegen deutlich effizienter und qualitativ hochwertiger gewählt werden. Zum Beispiel statt einer reinen Heizungsanlage kann ein Blockheizkraftwerk eingebaut werden.

Aber auch die notwenigen Zufahrten reduzieren sich deutlich. Es wird wesentlich weniger Fläche versiegelt. Die Grünflächen können zu größeren Parks oder Schrebergärten zusammengelegt werden. Das reduziert die Zersiedlung der Landschaft deutlich und der Naherholungswert für die Allgemeinheit steigt. Letztendlich wird auch an Fahrstrecken gespart, weil die Wege kürzer sind.

Dass die Ausführungen nicht nur Theorie sind, wird sofort ersichtlich, wenn man sich unter Google Earth Stadtteile anschaut, z.B. in Paderborn die Gegend zwischen Uhlandstraße und Fontanestraße. Mehr Beispiele siehe [17].

6.5.2 Einfluss des Baumaterials und seiner Qualität auf die Nachhaltigkeit

Holzhäuser gelten als nachhaltig. Häuser aus Beton und Steinen nicht. Aber gilt das wirklich so pauschal?

6.5.2.1 Holz als Baumaterial

Richtig ist, dass Pflanzen insbesondere Bäume, der Atmosphäre Kohlendioxid (CO_2) entziehen (siehe Kapitel 3.1.1 und 3.1.2). Bäume wirken also dem Treibhauseffekt entgegen. Somit wird jedes Haus aus Holz zu einer Senke für atmosphärisches CO_2. Daher sollten so viele Häuser wie möglich aus Holz gebaut werden.

Da die Häuser aber möglichst billig sein sollen, besteht die Gefahr, dass bei der Holzernte nicht nachhaltig vorgegangen wird. Das gilt vor allem für importiertes Holz aus borealen Wäldern (Taiga Sibirien/Kanada) oder tropischen Regenwäldern (siehe Kapitel 5.1 und 5.2). Kahlschlag unterbricht den Holzkreislauf und schadet der Natur und den Klima.

Zudem wird in Holz nur solange CO_2 gespeichert, wie es existiert. Wird Holz geschreddert, verbrannt oder es vergammelt, gelangt der Kohlenstoff in ihm wieder als CO_2 in die Atmosphäre. Wir dürfen die Bäume daher nicht schneller fällen, als sie nach-

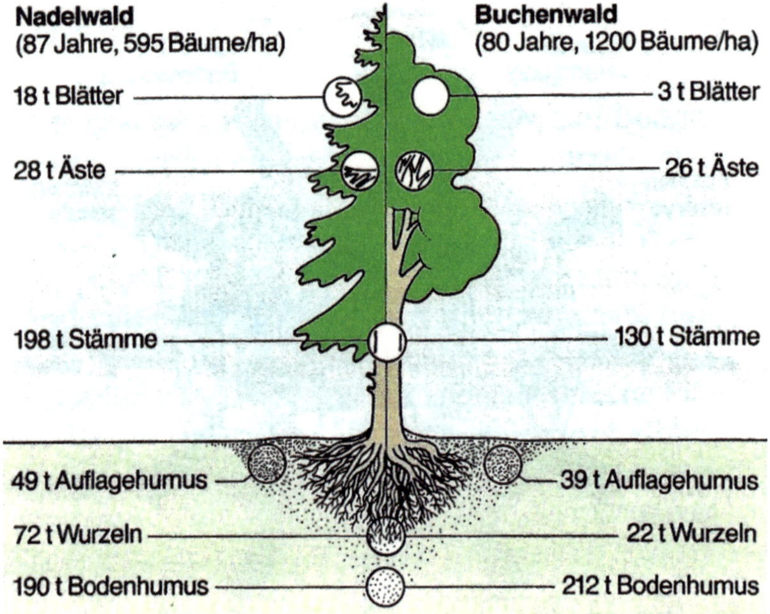

Abbildung 6-4: Biomassen eines Waldes[11]

wachsen können. Ein Baum braucht über 80 Jahre, um zu wachsen. Eine Buche wandelt zum Beispiel durchschnittlich nur 10,4 kg CO_2 pro Jahr in Holz um (12500 kg/(ha a))[55]. Erst über 80 Jahre später kann an der gleichen Stelle Holz für ein neues Haus geerntet werden. Ist die Lebenszeit eines Holzhauses kürzer als diese Regenerationszeit, sinkt seine Nachhaltigkeit mit jedem Jahr, das es vor dem 80. Lebensjahr abgerissen wird.

Vorsicht:
Häufig wird die Leistung des Waldes als CO_2-Senke deutlich überschätzt. Jeder Deutsche emittiert etwa 10 Tonnen CO_2 pro Jahr. Folgende Beispiele verdeutlichen, was das heißt:

- Bei einer Rate von 10 kg CO_2 pro Jahr, die eine Buche an CO_2 speichern kann, brauchen wir 1000 Buchen oder fast 1 ha (Hektar) = 100m x 100m = 0,01 km^2 (genau 0,008 km^2) Wald für jede Person pro Jahr, um die 10 Tonnen CO_2-Emissionen zu kompensieren.
- Jeder von uns müsste quasi alle 2-3 Jahre ein neues Einfamilienhaus aus Fichtenholz bauen, um seinen jährlichen CO_2-Ausstoß zu kompensieren: Ein durchschnittliches Einfamilienhaus benötigt etwa 30-40 m^3 Fichtenholz. Fichtenholz hat einen Zuwachs von 14,5 m^3/(ha a)[55] und speichert dabei 11441 kg/(ha a) CO_2[55].
- Weil Buchenholz eine etwa 50 % höhere Dichte hat als Fichtenholz und sein Zuwachs 10 m^3/(ha a)[55] beträgt und dabei 12478 kg/(ha a) CO_2[55] speichert, müsste jeder von uns quasi alle 4-5 Jahre ein neues Einfamilienhaus aus Buchenholz bauen.
- Bei 80 Millionen Deutschen sind ca. 800.000 km^2 Buchenwald nötig, um den jährlichen deutschen CO_2-Ausstoß zu kompensieren. Deutschland ist aber nur 357.590 km^2 groß.

Wie die Beispiele (insbesondere das letzte Beispiel) deutlich zeigen: Ohne weitere CO_2-Einsparungen werden wir den Klimawandel nicht stoppen.

6.5.2.2 Beton und Steine als Baumaterial

Für die Herstellung von Hohllochziegeln, Kalksteinen und Dachziegeln wird sehr viel Energie benötigt. Wird dazu fossile Energie eingesetzt, werden große Mengen CO_2 bei der Herstellung freigesetzt. Wird Beton verwendet, wird besonders viel CO_2 frei, weil es beim Aushärten entsteht. Pro kg Beton werden so über 300g CO_2

frei. Wenn das Haus abgerissen wird, bleibt nur Schutt übrig, der sich kaum wiederverwerten lässt. Deswegen ist Bauen mit Stein und Beton nicht nachhaltig.

Das liegt aber nur an der Art und Weise, wie wir mit den Materialien verfahren. Denn im Gegensatz zu Häusern aus Holz sind Häuser aus Stein langlebig. Die Römer kannten schon unseren heutigen Beton als Opus caementitium. Und wenn man sich in Italien insbesondere in Rom und Pompeji umschaut, dann sieht man viele Gebäude aus Stein, die schon über 2000 Jahre alt sind, wie z. B. das Kolosseum.

Wenn man Gebäude so plant, dass sie langlebig verwendet werden können, dann wird ihre CO_2-Bilanz gegenüber einem Holzhaus wesentlich besser. Denn der Bau eines Gebäudes, egal ob aus Holz oder Stein, benötigt auch sehr viel Energie für seine Herstellung, den Transport und die Verarbeitung der Materialien.

6.5.2.3 Wiederverwertung von Baustoffen

Wenn die einzelnen Bauteile von Anfang an so konstruiert werden, dass sie beim Abriss des Gebäudes recycelt werden können, dann fallen keine CO_2-Emissionen für die Herstellung neuer Bauteile an. Dachziegel könnten ohne Probleme gereinigt und erneut verwendet werden. Dasselbe gilt für Pflastersteine. Auch die Ziegelsteine könnten weiter verwertet werden, so wie die Menschen im Mittelalter alte Gebäude zum Bau neuer Gebäude abgetragen haben. Leider ist in unserer Wirtschaftswelt die Wiederverwertung von Baustoffen teurer als deren Neuproduktion und fast alle wollen tadellose Neuware haben. Daher werden die bei Renovierungen und Abriss anfallenden Steine, Dachziegel und Pflastersteine als Straßenschotter entsorgt und stattdessen neue Steine und Ziegelsteine gebrannt.

6.6 Nachhaltigkeit durch Umdenken von Besitz

In diesem Kapitel möchte ich zu einem Gedankenspiel einladen. Es zeigt, welche enormen Schritte beim Lösen unserer heutigen Probleme möglich sind, wenn wir den Begriff „Besitz“ anders und in viel größeren Dimensionen denken. Anstatt unser Vermögen in ein Eigenheim zu stecken, könnten wir es auch in unsere Stadt oder unser Stadtquartier investieren. Im kleineren Maßstab kennen wir das als Wohngenossenschaft. Aber im Gedankenspiel soll dieses Genossenschaftsmodell auf die ganze Stadt oder den ganzen Stadtteil ausgedehnt werden. Und in dieser Stadt soll eine echte Gemeinschaft entstehen.

Folgende Hauptregeln sollen in dem Gedankenspiel einer Stadtgemeinschaft gelten

- Die gesamten Grundstücke, alle Häuser und die komplette Infrastruktur der Stadt sind im Besitz der Gemeinschaft. Nur die Mitglieder der Stadtgemeinschaft können Eigentümer von Stadtanteilen werden. Dabei ist der Erwerb von konkreten Objekten oder Grundstücken nicht erlaubt.
- Jeder, der in dem Stadtteil wohnt und lebt, muss Mitglied in der Stadtgemeinschaft werden. Damit erhält er automatisch das Recht auf Mitbestimmung bei allen Entscheidungen. Personen, die nicht im Stadtteil wohnen und leben, sind von der Mitgliedschaft ausgeschlossen.
- Jedes Mitglied der Gemeinschaft kann und sollte Anteile der Stadtgemeinschaft erwerben. Aber diese Anteile sind nicht mit mehr Stimmrecht verbunden. Dennoch lohnt sich der Kauf, weil für eine prosperierende Stadt, die in Schuss gehalten wird, das gleiche gilt, wie für eine gepflegte Immobilie: ihr Wert steigt. Die Anteile können jeder Zeit zum aktuellen Zeitwert zurückgegeben werden. Sie dürfen aber nur von den Mitgliedern der Genossenschaft erworben werden.

- Wenn jemand die Stadt verlässt und umzieht, verliert er automatisch die Mitgliedschaft und bekommt den aktuellen Zeitwert seiner Anteile an der Genossenschaftsstadt ausgezahlt.
- Jedes Mitglied der Genossenschaft hat das Recht über das, was, wo und wie in der Stadt stattfindet, mit zu entscheiden. Dabei hat jedes Mitglied nur eine Stimme und die Abstimmung erfolgt nach demokratischen Regeln. Allerdings verpflichtet das die Genossenschaft, ihre Mitglieder transparent über Vorhaben zu informieren und die Mitglieder sollten sich auch informieren.
- Jedes Mitglied der Genossenschaft kann sich, frei nach seinen Bedürfnissen, Wohnraum in der Stadt mieten. Dabei wird es durch die Genossenschaft beraten und unterstützt. Außerdem darf es alle öffentlichen Einrichtungen und die Infrastruktur der Stadt gegen eine monatliche Grundgebühr nutzen.
- Die Mieten und die Grundgebühren von allen Mitgliedern sollten die laufenden Kosten der Stadt decken und auch für Sanierungen und Bau von neuen Gebäuden und Infrastruktur reichen. Gewinnmaximierungen stehen nicht im Vordergrund, sondern die Lebensqualität.

Da es sich um ein Gedankenspiel handelt, sollten diese wenigen Hauptregeln reichen, um die folgenden Möglichkeiten und Optionen zu verstehen und ihre Vorteile für alle Mitglieder der Genossenschaftsstadt und dem Kima und der Umwelt zu erkennen. Dass dieses Modell nicht ganz so theoretisch ist, zeigt das Beispiel Wien, wo bereits Teile dieses Modells schon lange realisiert sind.[82]

6.6.1 Lokale Firmen und Fachleute vor Ort nutzen

Um ein größeres Bauprojekt, einen ganzen Stadtteil oder eine ganze Stadt zu sanieren und zu bauen, werden sehr viele Firmen benötigt, die die anstehenden Arbeiten durchführen. Erforderlich sind:

- Planungsbüros für alle anstehenden Projekte und Teilprojekte.
- Baufirmen, die Gebäude und Infrastruktur bauen oder sanieren.
- Fachfirmen, die die mechanischen und elektrischen Installationen integrieren.
- Handwerker, Ingenieure, Architekten, Dachdecker, Elektriker, Schreiner, Landschaftsplaner usw.
- Servicedienste wie Hausmeister, Immobilienverwalter usw.

All dieses Wissen und alle Fähigkeiten werden auch später für die weitere Entwicklung der Stadt benötigt. Deswegen zählt zu einer umweltfreundlichen und nachhaltigen Planung, dass alle Projektbeteiligten möglichst aus der Region, idealerweise aus der Stadt selbst, kommen.

Vorteile:

- Die Fachkompetenz ist vor Ort und kann die Stadt auch bei zukünftigen Projekten weiter im Sinne des Klima- und Umweltschutzes entwickeln.
- Regionale Unternehmen und Fachleute sind mit der Region persönlich verbunden und haben so eine zusätzliche Motivation, sich zu engagieren und die Region voran zu bringen.
- Es wird viel CO_2 eingespart, weil die täglichen bzw. wöchentlichen Anfahrten der Bauarbeiter und all ihrer Ausstattungen, Werkzeuge und Maschinen über große Distanzen entfallen.
- Es entstehen viele Arbeitsplätze vor Ort, die die Region stärken und die lokale Bevölkerung mehr mit dem Projekt verbinden. Die Akzeptanz wird dadurch zusätzlich gestärkt.
- Die Stadt und die Region entwickeln sich zu einem Fachzentrum für moderne Stadtentwicklung.

- Die Kosten für Projekte sinken, weil die Facharbeiter und Ingenieure mit den Gegebenheiten vor Ort bereits vertraut sind und sich gut mit den Hintergründen und Regeln auskennen. Somit entfallen Einarbeitungszeiten. Außerdem sind die Handwerker gut miteinander vernetzt. Sie kennen sich alle und können so besser und effizienter zusammenarbeiten.

6.6.2 Allgemeine Bebauung

6.6.2.1 Stadtteile dezentral planen

Die Stadt gliedert sich in viele kleinere Stadtteile auf. Die Stadtteile sind so aufgebaut, dass die Einwohner alle Einrichtungen für den täglichen Bedarf (Arbeitsplätze, Schulen, Ärzte, Geschäfte usw.) leicht zu Fuß oder mit dem Fahrrad erreichen können.

Vorteile:

- Im Alltag werden kaum noch Autos oder sonstige Verkehrsmittel innerhalb der Stadt benötigt.
- Sehr viel Energie und auch sehr viel Fahrzeit werden eingespart.
- Der CO_2-Ausstoß wird innerhalb der Stadt signifikant gesenkt und auch das Unfallrisiko sinkt.
- Die Flächenversiegelung wird verringert, da viel weniger öffentliche Parkplätze benötigt werden.
- Die Gesundheit wird gesteigert und die sozialen Kontakte werden gefördert.

6.6.2.2 Kompakte Bauweise

Um möglichst viel Wohnraum für viele Menschen zu schaffen und dennoch viel „Gartenbereich“ zwischen den Gebäuden zu haben, kommt nur der Bau von größeren Mehrfamilienhäusern in Frage. Siehe Kapitel 6.5.1.

Vorteile:

- Es wird deutlich weniger Bodenfläche je Einwohner verbraucht.
- Es gibt viel mehr Platz für Garten- und Grünflächen als bei allen anderen Haus-Typen.
- Es wird wesentlich weniger Baumaterial für die Häuser benötigt, wie z. B. Dämmmaterial.
- Die Einsparung von Heizenergie ist deutlich einfacher und effizienter, weil durch die Wände, Decken und die Fußböden zu benachbarten Wohnungen kaum Wärmeverluste auftreten.
- Technische Einrichtungen (Heizen, Lüften, ...) können besser zentralisiert werden. Das spart Heizungen, Leitungen, Steuerungstechnik und vor allem Raum, den die Geräte brauchen.
- Es erleichtert die Einrichtung von Gemeinschaftsräumen, in denen Trockner, Waschmaschinen und Fitnessgeräte gemeinschaftlich genutzt werden können.

6.6.2.3 Grundaufbau der Gebäude

Im unteren Bereich der Stadtgebäude wird Platz für Gemeinschaftseinrichtungen, Geschäfte, Restaurants, Dienstleistungen, Cafés, Kitas usw. eingeplant. Der untere Teil ist für Kunden und Gäste leichter zugänglich. Im Laufe der Zeit siedeln sich hier Geschäfte, Dienstleister, Imbisse usw. an, die von den Bewohnern in der Umgebung wirklich benötigt werden.

Im oberen Teil der Gebäude befinden sich frei gestaltbare Wohnungen unterschiedlicher Größen und Arten. Der Fantasie sollen hier keine Grenzen gesetzt werden, damit für die Bewohner der Stadt eine Vielfalt an interessanten Zimmeraufteilungen zur Verfügung steht, die alle möglichen Lebensphasen abdecken können.

Vorteile:

- Die Wege zu Geschäften und Einrichtungen sind deutlich kürzer. Autofahrten können entfallen.

- Notwendige Besorgungen und Behördengänge verkürzen sich. Das spart Zeit.
- Die Stadt wird lebendiger, weil die Bewohner sich mehr begegnen und ins Gespräch kommen. Der Informationsaustausch steigt und die Bewohner vernetzen sich besser. Die Gemeinschaft wird stärker.

6.6.2.4 Freie Wahl der Wohnung

Den Bewohnern gehören zwar keine einzelnen Häuser. Dafür sind sie aber Teilhaber an der gesamten Stadt. Das bedeutet, dass sie nicht fest an eine Wohnung gebunden sind. Wenn sie es möchten, können sie sich jederzeit eine andere freie Wohnung in der Stadt suchen. Ein Stadtteilservice kann sie dabei unterstützen. Zudem sollen Teilhaber der Stadt gegenüber neuen Bewohnern bevorzugt berücksichtigt werden.

Vorteile:

- Flexiblere Anpassung der Wohnung an die aktuelle Lebenssituation der Bewohner.
- Singles und Paare benötigen in der Regel nur kleine Wohnungen.
- Aus Paaren werden Familien mit Kindern, die entsprechend mehr Platz für die Familienmitglieder brauchen. Auf Wunsch können sie leicht in eine entsprechend größere Wohnung umziehen.
- Wenn die Kinder den elterlichen Haushalt verlassen, sind die Wohnungen für die zurückbleibenden Eltern oft zu groß. Dann könnten sie wieder in eine kleinere Wohnung umziehen, die ihrer Situation angepasst ist. Zum Beispiel in barrierefreie Wohnungen. So wird unnötiger Leerstand vermieden und der Wohnraum wird deutlich effizienter genutzt.
- Es wird weniger Wohnraum benötigt als üblich, da die Wohnungsgröße leichter an die aktuellen Verhältnisse angepasst werden kann.

- Die Bewohner können auch auf freien Wunsch leichter einen Tapetenwechsel durchführen, wenn sie genug von ihrer aktuellen Wohnsituation haben.

6.6.2.5 Grundausstattung der Wohnung

Sehr viele Mieter wollen in der Regel einfach in eine Wohnung ziehen, ohne sich großartig um Beleuchtung und Kücheneinrichtung kümmern zu müssen. Häufig übernehmen auch die Nachmieter die Einrichtungen. Daher ist es sinnvoll, wenn alle Wohnungen so aufgebaut und vorbereitet sind, dass die Kücheneinrichtung, die Badezimmereinrichtung und die Deckenbeleuchtung vorhanden sind. Diese können bei Bedarf leicht ein- oder ausgebaut werden, um sich den Wünschen der Bewohner anzupassen.

Vorteile:
- Die Wohnungen sind sofort bezugsfertig, was sehr vielen Bewohnern entgegen kommt.
- Es können hochwertige Küchenmöbel, Küchengeräte (Kühlschrank, Herd, Spülmaschine, ...) und Badezimmereinrichtungen eingebaut werden, die im Falle eines Schadens leichter repariert oder ausgetauscht werden können.
- Energiesparende LED-Beleuchtungen können als Standard eingebaut werden.
- Es werden viel Energie und sehr viele Ressourcen eingespart. Auch die Zeit für den Umzug verkürzt sich, weil die gemietete Wohnung sofort genutzt werden kann.

6.6.2.6 Werkstätten, Schreinereien und sonstige Fachbetriebe integrieren

Wenn etwas kaputt geht, können viele von uns das Gerät oder das Teil nicht reparieren und werfen es in den Müll. Das liegt einerseits am Fehlen des nötigen Sachverstandes und andererseits fehlen uns häufig die geeigneten Werkzeuge, die Materialien oder die Ersatzteile. Deswegen sollen Werkstätten, Schreinereien und sonstige Fachbetriebe in die Wohngebiete der Stadt integriert werden, die für kleine Reparaturen ihren Service schnell und unbürokratisch anbieten. Sehr gut wäre, wenn diese Betriebe auch Räume anbieten, in denen die Leute ihre Sachen selbst reparieren können und notfalls eine kompetente Fachberatung bekommen.

Vorteile:

- Es wird wesentlich weniger weggeworfen. Müll wird dadurch vermieden.
- Geräte und Produkte halten wesentlich länger. Das spart Energie und Material für die Herstellung.
- Die Kommunikation und der Wissenstransfer unter den Leuten steigen und damit ihre Kenntnisse.
- Die Anerkennung und die Wertschätzung untereinander steigen.
- Die Fähigkeiten und die Kreativität bei den Leuten steigen ebenfalls.

6.6.3 Verkehr im Stadtteil

6.6.3.1 Eingeschränkter Autoverkehr innerhalb des Stadtteils[83],[84]

Der individuelle Autoverkehr benötigt in den Städten enorm viel Platz (siehe Kapitel 5.4). Insbesondere mehrspurige Straßen, Parkplätze und Parkhäuser sind wahre Flächenfresser. Flächen, die der Naherholung, der Freizeitgestaltung, der Natur und somit dem Wohlergehen der Einwohner verloren gehen. Die freien Flächen zwischen den Gebäuden lassen sich eigentlich viel besser für Gemeinschaftseinrichtungen nutzen, wie z. B. als Stadtpark, Gartenanlage, Tierpark, Spielplatz, Gastronomie, Biergarten, Sportplatz usw.

Weil die Straßen der Stadtquartiere von vielen Autofahrern immer häufiger als schnellere Abkürzung genutzt werden und das zum Nachtteil der Anwohner, sollte dieser Durchgangsverkehr verhindert werden. Wenn jeweils ein Poller auf die Straßen in den Quartieren gesetzt wird, dann kann jedes Gebäude immer noch mit dem Auto erreicht werden, aber der Durchgangsverkehr ist nicht mehr möglich. Das verlängert auch die Strecke, die ein Autofahrer von einem Stadtteil zum anderen braucht, während für die Fußgänger und die Radfahrer alles bleibt wie bisher. Dann würden bei kurzen Strecken viel mehr Leute auf das Auto verzichten. Heute gibt es im Gegensatz zu früher E-Bikes, E-Roller und viele Kleinfahrzeuge. Jeder kann heute kürzere Strecken ohne Kraftaufwand gut überwinden und auf schwere, überdimensionierte Fahrzeuge verzichten.

Inzwischen gibt es schon viele Städte, die sich auf diesen Weg gemacht haben. Die belgische Stadt Gent und die dänische Hauptstadt Kopenhagen haben hier schon sehr viel erreicht und sind Vorreiter.[83],[84]

Vorteile:

- Es gibt wesentlich mehr Raum für die Erholung und das Wohlergehen der Einwohner.
- Es gibt weniger Hektik und Stress, weil wir weniger auf der Straße aufpassen müssen.
- Im gesamten Stadtgebiet gibt es wohltuende Ruhe und saubere Luft.
- Die Städte werden viel lebendiger, bunter und interessanter.
- Soziale Kontakte und Kommunikation sind wesentlich leichter möglich, da man sich mehr begegnet.
- Mehr Bewegung fördert die Gesundheit und die Lebensqualität.
- Der Energieverbrauch für den Verkehr sinkt, weil einerseits weniger motorisierte Fahrten anfallen und andererseits E-Bikes und E-Roller nur einen Bruchteil der Energie benötigen wie ein Auto.
- Es werden jede Menge Ressourcen eingespart, weil weniger Straßenbeläge, Verkehrsanlagen, Parkplätze, Bürgersteige und vieles mehr benötigt werden.

6.6.3.2 Carsharing

Nicht jeder braucht und will ein eigenes Auto. Aber es wird immer Situationen geben, in denen jeder ein Auto oder ein Transportfahrzeug mal benötigt. Daher sollte die Stadt ihren Einwohnern Carsharing anbieten und für ein ausreichendes Kontingent an verschiedenen Fahrzeugen sorgen.

Wenn wir uns an Kapitel 5.4.3.1 zurückerinnern, steht ein eigenes Auto durchschnittlich 95 % der Zeit irgendwo nutzlos herum. Ziel des Carsharing ist, dass genau diese Standzeit für weitere Fahrten genutzt wird und dass das Auto bestenfalls nur für Aufladen, Tanken und Wartung stillsteht.

Letztendlich bleibt aber jedem selbst überlassen, ob er vom Carsharing Gebrauch macht oder sich privat ein eigenes Auto anschafft.

Vorteile:

- Für jede Fahrt gibt es eine Auswahl zwischen verschiedene Fahrzeuggrößen, -klassen und –marken. Das Fahrzeug kann beim Ausleihen immer der benötigten Situation angepasst gewählt werden. Privat würden wir uns eher ein zu großes Auto kaufen, damit es für alle Fälle genug Platz bietet.
- Wegen der passend wählbaren Autogröße beim Carsharing, wird sich die Tendenz deutlich zu kleineren Fahrzeugen hin verschieben. Diese sind in der Stadt viel flexibler und können leichter gefahren werden. Der Platzbedarf, der Materialverbrauch und der Energieverbrauch sinken.
- Beim Carsharing werden alle Aufwände (Versicherungen, Reparaturen, Service-Dienste usw.) von Fachleuten übernommen. Der Kunde muss sich um nichts kümmern, sondern kann einfach fahren.
- Carsharing reduziert zudem den Ressourcenverbrauch, weil wesentlich weniger Autos benötigt werden und die wenigen Autos werden dazu effizienter genutzt, weil sie viel mehr im Gebrauch sind.

6.6.4 Fazit des Gedankenspiels: Gemeinschaftsstadt

In diesem Kapitel 6.6 haben wir gesehen, dass sich enorme Einsparpotentiale für Energie und Ressourcen ergeben, wenn wir den Begriff „Besitz“ neu denken. Und die Beispiele sind nur einige wenige angedachte Möglichkeiten. Es gibt noch wesentlich mehr Optionen, mit zum Teil verblüffenden, positiven Effekten, die auch einige der großen Probleme am Ende von Kapitel 5.5.2 lösen. Jeder soll sich eingeladen fühlen, dieses Gedankenspiel selbst weiter zu denken.

6.7 Gedanken zur Schaffung unseres eigenen Paradieses

In der Vergangenheit haben wir Menschen alle Probleme gelöst, die für uns bedrohlich waren. Und dabei haben wir unsere Lebensqualität, zumindest in den Industriestaaten, stets weiter verbessert. Zum Beispiel:

- Wir haben lebensgefährliche Krankheiten wie Pest, Tuberkulose, Kindbettfieber und zuletzt Covid-19 besiegt und wir entwickeln immer schneller hocheffiziente Mittel gegen Krankheiten.
- Luftverschmutzungen wie Smog haben wir mit neuen Filtertechniken und Katalysatoren beseitigt.
- Wir haben es bis auf den Mond geschafft und sind über 11.000 m tief hinunter in den Marianengraben getaucht.

Wenn wir alle unsere Erfolge betrachten, dann stellen wir fest, dass diese bisher in erster Linie eng begrenzte, lokale Probleme gelöst haben. Zum Beispiel: Die Impfung gegen Covid-19 hilft nur, wenn jeder sie individuell erhält. Filteranlagen gegen Smog reinigen nur dort die Luft, wo sie aufgestellt sind. Und auch die Mondlandefähre ist eine örtlich stark begrenzte technische Lösung für nur eine Aufgabe.

Bisher sind wir aber nicht in der Lage, Aufgaben oder Probleme zu lösen, die planetare Ausmaße haben. Wir verändern die globalen Abläufe in der Natur, ohne es zu wollen und oft auch unbewusst. Dabei nehmen wir nur die Veränderungen wahr, die durch unser Handeln, in unserer lokalen Umgebung, sichtbar werden und nur darauf reagieren wir. Globale Veränderungen übersteigen hingegen unsere Vorstellungen. Wie alle Lebewesen haben auch wir gelernt, wie die Welt aus unserer individuellen „Ich"-Perspektive aussieht (siehe Kapitel 1.6). Mehr war bisher nicht nötig, um zu überleben. Dementsprechend nehmen wir auch nur die Bedürfnisse und nur die Probleme wahr, die uns direkt betreffen und lösen sie vorrangig.

Ok, als Teamplayer haben wir schon erfolgreich gelernt, wie die Welt aus der „Wir"-Perspektive aussehen kann. Aber diese Teams sind bisher sehr klein, stark individuell geprägt und bestehen meistens nur aus Verwandten, Freunden und Arbeitskollegen. Aus globaler Sicht können diese Teams noch als Individuen betrachtet werden. Werden diese Gruppen größer, zerfallen sie meistens wieder in kleinere Gruppen. Und die kleinen Gruppen verfolgen anschließend verstärkt wieder ihre individuellen Interessen. Das gleiche gilt auch für unsere Wirtschaft. Die ist nämlich nur beim Warenaustausch und Geldhandel globalisiert. Ansonsten ist sie auf individuelle Vorteile ausgerichtet.

Der nächste Schritt ist also, dass wir endlich anfangen, global und nicht (nur) lokal zu denken. Ich gehe davon aus, dass es nur eine Frage der Zeit ist, bis wir uns zu großen internationalen Gruppen zusammenschließen, um gemeinsam die großen Herausforderungen und Probleme unserer Zeit zu lösen. Richtig! So etwas gibt es schon: Die United Nation (UN), die Nato, die Europäische Union und andere Organisationen. Aber die meine ich nicht. Das sind zwar internationale Verbindungen, aber sie arbeiten hauptsächlich nur auf der administrativen Seite zusammen und werden nur von vergleichsweise wenigen Leuten vorangetrieben. Für die große Mehrheit der Bürger sind diese Allianzen aber bedeutungslos.

Ich hingegen spreche von einer echten internationalen Gemeinschaft. Eine Gemeinschaft, in der alle Bürger voll hinter deren Zielen stehen und diese auch konsequent verfolgen. In der Vergangenheit haben wir das vereinzelt schon mal geschafft, wenn auch nur für kurze Zeit:

- Montrealer Protokoll 1987 zum Schutz der Ozonschicht[78]. Fast alle Staaten der Welt haben beschlossen, dass FCKW's, die die Ozonschicht zerstören, nicht mehr produziert und verwendet werden dürfen und halten sich an diese Vereinbarung. Die Ozonschicht regeneriert sich seit einigen Jahren tatsächlich.
- Mahatma Gandhi[79] hat die indische Bevölkerung über alle Gruppen und Ethnien hinweg soweit geeint, dass sie sich alle den gewaltfreien Aktionen und dem zivilen Ungehorsam gegenüber der Kolonialmacht England angeschlossen haben. Am Ende erfolgte die Unabhängigkeit. Nelson Mandela und Martin Luther King haben für ihre Unabhängigkeitsbewegungen den gleichen Weg wie Mahatma Gandhi eingeschlagen.
- 1989 bis 1990 fand in der ehemaligen DDR eine friedliche Revolution[80] statt, mit Schwerpunkten in Leipzig und Ostberlin. Die Menschen haben sehr zahlreich und mit friedlichen Mitteln der DDR-Führung klar gemacht, dass sie das Volk sind und dass sie entscheiden wollen, was passiert. Die Hauptforderung war mehr Freiheit in allen Bereichen und insbesondere Reisefreiheit. Das Ergebnis ist der Berliner Mauerfall am 09.11.1989 und die Wiedervereinigung.
- Auch Jesus Christus hat eine gewaltfreie Bewegung gestartet, die sich der Menschen ohne Ausnahme annahm. Diese Bewegung, das Christentum, gibt es bis heute. Egal, was auch immer in den letzten 2000 Jahren geschehen ist, die Basis des Christentums ist friedlicher Natur und basiert auf Hilfsbereitschaft.

Diese Beispiele zeigen, dass wir die Welt zum Besseren verändern können, wenn sich viele Menschen zusammentun und zusammenarbeiten. Leider sind diese Erfolge bisher nicht nachhaltig. Immer wieder kommt es nach dem Erfolg dazu, dass sich einige Menschen für etwas Besseres halten und ihre individuellen Ziele, unabhängig von der Gemeinschaft, verfolgen. Das ist einfacher, weil sie so keine Rücksicht auf die Bedürfnisse der großen Gemeinschaft nehmen müssen und die Gemeinschaft zerfällt.

Wenn wir aber ein Paradies für alle erschaffen wollen, das zudem im Einklang mit der Natur ist, dann müssen wir Menschen uns als globale Gemeinschaft dauerhaft zusammenschließen und die gleichen Ziele verfolgen. Die vorangegangenen Kapitel dieses Buches haben gezeigt, dass wir genug über die Natur wissen, um die Erde in ein Paradies zu verwandeln. Wir haben alle nötigen Techniken, alle Materialien, genug Energie und die notwendigen Fachleute und Wissenschaftler, um die richtigen Maßnahmen umzusetzen. Wir haben dafür sogar den Segen Gottes.

Das Einzige, das uns für den Weg zum irdischen Paradies fehlt, sind im Wesentlichen zwei Punkte:

- Wir müssen uns global zu einer echten Gemeinschaft zusammenschließen, in der alle die gleichen Rechte und Freiheiten haben und in der alle die gleichen grundlegenden Ziele verfolgen.
- Wir müssen in vielen Bereichen umdenken und die Prioritäten anders setzen. Wir müssen unsere Einstellungen und Glaubenssätze prüfen und in vielen Fällen ändern und anpassen.

Bei beiden Punkten handelt es sich vor allem um rein mentale Vorgänge. Anders ausgedrückt:

Aktuell schaffen wir es nicht, den Klimawandel und die Umweltzerstörungen zu stoppen und für alle Menschen die gleichen, lebenswerten Bedingungen auf der Erde zu schaffen, weil wir mental noch nicht dazu bereit sind. Sehr viele Menschen verfolgen individuelle Ziele die nur den eigenen, persönlichen Vorteil zum Ziel haben. Dabei geht es fast immer um mehr Reichtum, mehr Macht und die persönliche Profilierung.

Leider führen aber genau diese individuellen Ziele zu den bekannten, globalen Problemen, denn die Natur verfolgt den Weg des Teilens und belohnt diesen Weg:

- Der Unordnungssatz (Entropiesatz Kapitel 2.1.4) besagt ganz klar, dass die Gleichverteilung und der Ausgleich von Ressourcen und Eigenschaften untereinander, ein klares und deutliches Naturgesetz ist. In der Natur hat das Teilen also per Gesetz eine sehr hohe Priorität.
- Fast alle Maßnahmen, die den Klimawandel und die Umweltprobleme effektiv reduzieren (siehe Kapitel 6.2 bis 6.7), basieren auf dem Teilen der Ressourcen und der Energienutzung. Auch hier spiegelt sich das Teilen als hohe Priorität wieder.
- In allen Religionen, insbesondere im Christentum, haben das Teilen und die Gemeinschaft einen sehr hohen Stellenwert. In jeder Messe wird das Brot geteilt, in Gedenken an das letzte Abendmahl. Und es gibt besondere Feste zu Ehren des heiligen St. Martin und des heiligen St. Nikolaus, weil sie geteilt haben. Auch in Märchen wie Sternentaler, Frau Holle usw. wird das Teilen als hohe Kunst dargestellt. Teilen ist eine Tugend und hat auch im moralischen und spirituellen Bereich eine sehr hohe Priorität.

Und hier gelangen wir zum Kern des Problems: Unsere Marktwirtschaft verfolgt das Ziel, so viel Wachstum wie möglich zu erreichen. Mit Wachstum sind dabei mehr Reichtum und mehr Macht auf Seiten der Konzerne und ihrer Aktionäre und Vorstände gemeint. Um die Gewinne zu steigern, werden immer mehr Ressourcen für die Produkte und immer mehr Energie für deren Produktion benötigt. Die Gewinnung der Ressourcen und der Energien muss dabei möglichst günstig sein und die notwendigen Arbeitskräfte möglichst billig. Selbst vor Ausbeutung und Missbrauch macht die Gewinnmaximierung der Wirtschaft keinen Halt.

Mit anderen Worten: Die (globalen) Gesetze unserer Wirtschaft sind völlig konträr zu den Gesetzen der Natur. Beide Gesetze sind nicht kompatibel und ergänzen sich in keiner Weise. Je weiter der technische Fortschritt geht, desto mehr setzt unsere Gesellschaft auf die Wirtschaftsgesetze, weil unsere Technologien uns bisher vor den Auswirkungen der Natur geschützt haben. Kommt es zum Beispiel bei uns durch Umweltprobleme zu einem Mangel, wird die Ware kurzerhand irgendwo anders in der Welt eingekauft. Dabei ist es uns völlig egal, welche Konsequenzen das irgendwo anders in der Welt hat, weil sie uns nicht treffen oder betreffen. Das Entscheidende ist jetzt, welche Gesetze mächtiger sind: Die menschlichen Wirtschaftsgesetze oder die Naturgesetze, die Gott definiert hat? Unsere Wirtschaftsgesetze enden in ca. 15 km Höhe bzw. in 10 km Tiefe und können durch uns geändert werden. Die Naturgesetze gelten im gesamten Universum, sind unantastbar und werden strikt ohne Gnade von allem in der Natur befolgt.

Jeder, der einigermaßen bei Verstand ist, wird sofort, ohne Diskussion, den Naturgesetzen den Vorrang geben. Selbst diejenigen, die das nicht glauben können, müssten spätestens jetzt ihren Irrtum bemerken, weil sich die Auswirkungen, die unsere Art der Wirtschaft hat, global immer deutlicher und verheerender zeigen.

Aber wie schon gesagt: Jemand, der nur seine individuellen Vorteile berücksichtigt, der blendet alle Folgen, die durch sein Handeln woanders auftreten, einfach aus. Fatal ist dabei, dass die globalen Auswirkungen nicht verschwinden, wenn man sie ausblendet. Ganz im Gegenteil, sie verstärken sich immer weiter. Der Handlungsspielraum für Gegenmaßnahmen wird dadurch zeitlich immer kleiner und der Aufwand für Lösungen wird immer größer und komplexer. Irgendwann gibt es keinen Handlungsspielraum mehr und wir können nur noch auf die Ereignisse mit Schadensbegrenzung reagieren. Viel Zeit bis zu diesem Stadium haben wir nicht mehr.

Wenn sich unsere Wirtschaftsgesetze nicht den Naturgesetzen anpassen, dann müssen sie den Naturgesetzen so oder so weichen. Beim ersten „so“ geschieht dies durch uns auf kontrollierte Weise. Beim zweiten „so“ geschieht dies gewaltsam und unkontrollierbar durch die Naturgewalten. Wer diese Schlussfolgerungen ernst nimmt, der kommt schnell darauf, dass unser jetziges Wirtschaftssystem so nicht mehr weiter fortgesetzt werden kann und darf, wenn wir unsere Zivilisation weiter erhalten wollen. Deswegen sollte unser aktuelles Wirtschaftssystem so schnell wie möglich überdacht und durch eines ersetzt werden, das im Einklang mit den Naturgesetzen ist.

Die Abschaffung der aktuellen Wirtschaftsgesetze bedeutet aber in keinster Weise eine Abschaffung unserer Demokratie. Die Gesetze unserer Demokratie sind völlig unabhängig von den Gesetzen der Wirtschaft und sie sind im völligen Einklang mit den Gesetzen der Natur, denn Demokratie bedeutet auch Teilen.

6.7.1 Stehen wir am Übergang zur nächsten Bewusstseinsstufe?

Ich halte unsere Wirtschaftsgesetze inzwischen nicht nur für veraltet, sondern sehe in ihnen auch eine Behinderung für unsere persönliche und spirituelle Weiterentwicklung. Ich glaube, dass wir uns gerade am Übergang zu einer neuen Bewusstseins- und Evolutionsstufe befinden. Vieles spricht dafür: Dank Internet und Künstlicher Intelligenz (KI) vernetzen wir uns immer mehr, schaffen immer mehr Wissen, neue Perspektiven und Möglichkeiten. Das krampfhafte Festhalten an den veralteten Wirtschaftsgesetzen schadet nicht nur unserer Umwelt, sondern nimmt uns persönlich auch die Chance, dass wir weiter wachsen und völlig neue Formen der Existenz entdecken: ähnlich dem Übergang vom Jäger und Sammler hin zur Sesshaftigkeit.[81]

Jeder, der beispielsweise Star Trek (Raumschiff Enterprise, Next Generation, Deep Space 9, Voyager, …) gesehen hat, der ahnt, was ich meine. Viele halten die Welt von Star Trek für völlig utopisch. Aber einiges aus dieser Welt ist bereits heute real geworden. In Raumschiff Enterprise gibt es einen russischen Steuermann (Pavel Chekov) und einen weiblichen, Schwarzen Offizier (Lt. Uhura). Als die Sendung 1967 entstand, war dies in der amerikanischen Gesellschaft noch völlig undenkbar. In Star Trek gibt es die „United Federation of Planet“ als planetenübergreifende Organisation. Die „United Nation (UN)“ ist die länderübergreifende, reale Version.

Die Welt von Star Trek ist zwar eine ideale, aber nicht unmögliche Welt. In ihr ist der Schritt zu einer globalen Gesellschaft, die sich im Einklang mit der Natur und den Menschen befindet, realisiert. In Star Trek werden zudem erstaunlich viele Antworten zu Themen geliefert, die heute topaktuell sind. Zum Beispiel zu Toleranz, Anerkennung, Respekt, Umgang mit Künstlicher Intelligenz und mit Aggressoren, Entwicklungshilfe, was im Leben wirklich wichtig ist usw. Alle diese Themen basieren stets auf Umdenken und wenig auf technischen Möglichkeiten. Unsere Wirtschaftsgesetze sind in dieser Welt hingegen nutzlos. Sie würden eine solche Gesellschaftsform sogar verhindern. Das wird bei dem folgenden Zitat von Jean-Luc-Picard in der Serie deutlich:

„In den letzten drei Jahrhunderten hat sich unglaublich viel verändert. Es ist für die Menschen nicht länger wichtig, große Reichtümer und Macht zu besitzen. Wir haben dadurch den Hunger eliminiert, die Not, die Notwendigkeit, reich zu sein. Die Menschheit ist erwachsen geworden.“

Jean-Luc-Picard (im Jahr 2364 [Star Trek])

Literaturhinweise und Quellen:

[1] Wikipedia: *http://de.wikipedia.org/wiki/Wikipedia:Hauptseite.*

[2] DIERCKE Wörterbuch Ökologie und Umwelt Band 2 N-Z, Juli 1993 Deutscher Taschenbuchverlag, ISBN 3-423-03420-3

[3] Unser Verständnis von Nachhaltigkeit, DPG – Physik: *https://www.dpg-physik.de/vereinigungen/fachuebergreifend/ak/akjdpg/wir/arbeitsteams/nachhaltigkeit/tipps-fuer-aktive/definition*

[4] Wasserkreislauf Bildungsmaterial, Bundesministerium für Umwelt, Naturschutz, nukleare Sicherheit und Verbraucherschutz: *https://www.bmuv.de/fileadmin/Daten_BMU/Pools/Bildungsmaterialien/gs_wasser_schueler_bf.pdf*

[5] Die Physik: Materie, Atome, Energien, Natur und Wissen Band 4, Verlagsgruppe Bertelsmann 1984: Buch-Nr. 056259

[6] Die Chemie: Elemente, Moleküle, Reaktionen, Natur und Wissen Band 6, Verlagsgruppe Bertelsmann 1985: Buch-Nr. 056275

[7] Das Leben: Ursprung, Entfaltung, Vergehen, Natur und Wissen Band 8, Verlagsgruppe Bertelsmann 1985: Buch-Nr. 056291

[8] Unsere Erde: Enzyklopädie für die ganze Familie, Parragon Books Ltd: ISBN 978-1-4723-3474-9

[9] Physik: Oberstufe Gesamtband 12/13, Dorn-Bader, Schroedel Schulbuchverlag GmbH 1986: ISBN 3-507-86205-0

[10] Chemie heute: Sekundarbereich II, Schroedel Schulbuchverlag GmbH 1988: ISBN 3-507-10618-3

[11] Biologie heute: Sekundarbereich II, Schroedel Schulbuchverlag GmbH 1988: ISBN 3-507-10540-3

[12] Allgemeine Geologie, Frank Press/Raymond Siever, Spektrum Akademischer Verlag GmbH 1995: ISBN 3-86025-390-5

[13] Unsere Erde unter Druck, Tony Uniper, Dorling Kindersley Verlag GmbH 2017: ISBN 978-3-8310-3285-3

[14] FIRMS – Fire Information for Resource Management Systems der NASA, Active Fire Data: *https://firms.modaps.eosdis.nasa.gov/*

[15] SPIEGEL Thema – Klimawandel, *https://www.spiegel.de/thema/daten-zum-klimawandel/*

[16] BGR – Energierohstoffe und Energieträger, Bundesanstalt für Geowissenschaften und Rohstoffe, *https://www.bgr.bund.de/DE/Themen/Energie/energie_node.html*

[17] Vorbild für eine Zukunftsstadt, *https://home.metanoia-for-future.de/stadt-der-zukunft/*

[18] SPIEGEL Thema – Klima-Newsletter, *https://www.spiegel.de/thema/klima-newsletter/*

[19] Globale Umweltveränderungen – Ursachen, Folgen, Handlungsmöglichkeiten, E.G.Nisbet, Spektrum Akademischer Verlag Heidelberg 1994: ISBN 3-86025-190-2

[20] Sozialpsychologie – Menschliches Verhalten und gesellschaftlicher Einfluß, Elliot Aronson, Spektrum Akademischer Verlag Heidelberg 1994: ISBN 3-86025-150-3
Sozialpsychologie, Elliot Aronson – Timothy Willson – Robin Akert, Pearson Studium - Psychologie 2014: ISBN-13: 978-3868942170

[21] Das Spiel sozialer Beziehungen – NLP und die Struktur zwischenmenschlicher Erfahrung, Lucas A. C. Derks, Klett-Cotta Stuttgart 2000: ISBN 3-608-94169-X

[22] Der Mensch – Die große Bild-Enzyklopädie, Robert Winston, Dorling Kindersley Verlag 2005: ISBN 978-3831007622

[23] Das Gehirn – Anatomie, Sinneswahrnehmung, Gedächnis, Bewusstsein, Störung, Rita Carter, Dorling Kindersley Verlag 2005: ISBN 978-3831036684

[24] nach: Der Mensch in Zahlen, Konrad Kunsch und Steffen Kunsch, Aera Verlag / Spektrum Akademischer Verlag Heidelberg 2005: ISBN 3-89996-681-3
[25] Geschichte – Universum, Erde, Mensch, The Big History Institute - Vorwort: Harald Lesch, Dorling Kindersley Verlag GmbH 2017: ISBN 978-3831032846
[26] Die Entzyklopädie des Wetters und des Klimawandels, National Geographic Deutschland 2010: ISBN 978-3866901933.
[27] Physik unserer Umwelt – Die Atmosphäre, Walter Roedel, Springer Verlag Berlin, Heidelberg, New York 1992: ISBN 3-540-54285 (vorliegende Version).
Physik unserer Umwelt – Die Atmosphäre, Walter Roedel und Thomas Wagner, Springer Spektrum; 5. Aufl. 2017: ISBN 978-3662542576 (aktuelle Version)
[28] Lexikon der Chemie, Spektrum Akademischer Verlag GmbH, Heidelberg 2007 – Sonderausgabe für Jokers: ISBN 978-3-8274-1909-5.
[29] Kohlendioxid, Sättigung des Absorptionsbands, Wissenschaftliche Dienste Deutscher Bundestag, Aktenzeichen: WD 8 - 3000 - 014/20.
Fachbereich: WD 8: Umwelt, Naturschutz, Reaktorsicherheit, Bildung und Forschung:
https://www.bundestag.de/resource/blob/805260/53df18dcfba9e0b515f8c56d495fb4a1/WD-8-014-20-pdf-data.pdf
[30] Attributionsforschung, Deutscher Wetterdienst (DWD):
www.dwd.de/DE/klimaumwelt/klimaforschung/spez_themen/attributionen/node_attribs.html
[31] Wie funktioniert das? Die Technik im Leben von heute, Ein Meyer-Nachschlagewerk, Naturwissenschaft und Technik des Bibliografischen Instituts, Mannheim 1978 – Lizenzausgabe des Deutschen Bücherbundes: ASIN B007MWZ7R0.
[32] Wissen, das große Lexikon in spektakulären Bildern, Dorling Kindersley Verlag GmbH, München 2020: ISBN 978-3-8310-3920-3.
[33] Technik im Detail, Autos und Flugzeuge, F.X. Schmid, Ravensburg 2001: ISBN 3-89782-220-2.
[34] Optionen für eigene westdeutsche Nuklearrüstung, Artikel der TAZ. die Tageszeitung vom 10.10.1986 auf Seite 1 und Seite 5.
https://taz.de/Franz-Josef-Strauss-und-die-Gelueste-auf-eine-Atombombe/!1876587/
https://taz.de/!1876613/
[35] Tschernobyl-Die Rätsel der Radioaktivität, Artikel der Sueddeutschen Zeitung vom 17.05.2010.
https://www.sueddeutsche.de/wissen/tschernobyl-die-raetsel-der-radioaktivitaet-1.837550
[36] Aktueller Bestand, Bundesgesellschaft für Endlagerung.
https://www.bge.de/de/abfaelle/aktueller-bestand/
[37] Wismut Unternehmen, Wikipedia.
https://de.wikipedia.org/wiki/Wismut_(Unternehmen)
[38] Schneeberger-Krankheit, Wikipedia.
https://de.wikipedia.org/wiki/Schneeberger_Krankheit
[39] Kernkraftwerk Flamanville und Olkiluoto, |Wikipedia.
https://de.wikipedia.org/wiki/Kernkraftwerk_Flamanville
https://de.wikipedia.org/wiki/Kernkraftwerk_Olkiluoto
[40] Windenergie in Deutschland – Zahlen und Fakten, Bundesverband Windenergie.
https://www.wind-energie.de/themen/zahlen-und-fakten/deutschland/
[41] Die oberen 10 Prozent besitzen 52 Prozent des Vermögens, Spiegel–Wirtschaft vom 25.01.2016.
https://www.spiegel.de/wirtschaft/soziales/deutschland-ein-zehntel-besitzt-52-prozent-des-vermoegens-a-1073677.html
[42] Umweltschädliche Subventionen in Deutschland (2018), Umweltbundesamt (UBA).
https://www.umweltbundesamt.de/daten/umwelt-wirtschaft/umweltschaedliche-subventionen-in-deutschland#undefined

[43] Hallstadt in Österreich und in China, Wikipedia.
https://de.wikipedia.org/wiki/Hallstatt
https://de.wikipedia.org/wiki/Hallstatt_(China)

[44] Das Klimabuch von Greta Thunberg, diverse wissenschaftliche Autoren, S. Fischer Verlag GmbH 2022, ISBN 978-3-10-397189-7

[45] So reicht das nicht! Ernst Ulrich von Weizsäcker, Bonifatius Verlag 2022, ISBN 978-3-89710-909-4

[46] Unsere Welt neu entdecken. Eine Einladung, Maja Göpel, Ullstein Buchverlag GmbH 2020, ISBN 978-3-550-20079-3

[47] Die Menschheit schafft sich ab, Harald Lesch und Klaus Kamphausen, Verlag KOMPLETT-MEDIA GmbH 2016, ISBN 978-3-8312-0424-3

[48] Infrastruktur Mobilität, Bundesministerium für Digitales und Verkehr Dezember 2022
https://bmdv.bund.de/SharedDocs/DE/Artikel/G/infrastruktur-statistik.html

[49] Pressemitteilung Nr. 10/2022: Der Fahrzeugbestand am 01. Januar 2022, Kraftfahrzeug Bundesamt (KBA) 04.03.2022
https://www.kba.de/DE/Presse/Pressemitteilungen/Fahrzeugbestand/2022/pm10_fz_bestand_pm_komplett.html

[50] Stahlindustrie, Artikel Wirtschaftsbranchen, Bundesministerium für Wirtschaft und Klimaschutz (BMWK)
https://www.bmwk.de/Redaktion/DE/Artikel/Branchenfokus/branchenfokus-stahl-und-metall-01.html

[51] Neuwagen werden immer PS-stärker, Statista 18.02.2020
https://de.statista.com/infografik/20861/ps-zahl-von-neuwagen-in-deutschland/

[52] Maslowsche Bedürfnishierarchie, Wikipedia
https://de.wikipedia.org/wiki/Maslowsche_Bed%C3%BCrfnishierarchie

[53] Dem Mikroplastik auf der Spur …, ADAC 08.04.2022
https://www.adac.de/rund-ums-fahrzeug/ausstattung-technik-zubehoer/reifen/reifenkauf/reifenabrieb-mikroplastik/

[54] Annual and cumulative CO_2 emissionen …, Our World in Data
https://ourworldindata.org/co2-emissions

[55] Potentiale von Bauen mit Holz …, Umwelt Bundesamt (UBA), Texte 192/2020, Projektnummer 98401, FB000320
https://www.umweltbundesamt.de/sites/default/files/medien/5750/publikationen/2020_10_29_texte_192_2020_potenziale_von_bauen_mit_holz_aktualisiert.pdf

[56] Wissenschaftliche Untersuchung und Bewertung des Indikators "Ökologischer Fußabdruck", Umwelt Bundesamt (UBA), Texte 46/07, ISSN 1862-4804
https://www.umweltbundesamt.de/sites/default/files/medien/publikation/long/3486.pdf

[57] Wie der CO_2-Fußabdruck die Klima-Realität verschleiert, ARD-Alpha 27.10.2021,
https://www.ardalpha.de/wissen/umwelt/nachhaltigkeit/co2-fussabdruck-carbon-footprint-shell-exxon-bp-taeuschung-klima-100.html

[58] Energiewende in Deutschland, Wikipedia,
https://de.wikipedia.org/wiki/Energiewende_in_Deutschland#Die_Rot-Gr%C3%BCne_Regierung_1998_bis_2005_%E2%80%93_Erneuerbare-Energien-Gesetz_und_Atomausstieg

[59] Umsetzung des europäischen Grünen Deals, Europäische Kommission,
https://commission.europa.eu/strategy-and-policy/priorities-2019-2024/european-green-deal/delivering-european-green-deal_de

[60] Klimageschichte, Wikipedia,
https://de.wikipedia.org/wiki/Klimageschichte

[61] Kleine Eiszeit, Wikipedia,
https://de.wikipedia.org/wiki/Kleine_Eiszeit

[62] Maya Zivilisation, Wikipedia,

https://de.wikipedia.org/wiki/Maya-Zivilisation#Der_Kollaps_der_Maya-Zentren_im_zentralen_Tiefland
[63] Jarkartas Untergang, Michael Lenz, Spekrum der Wissenschaften - Verlag, 27.11.2008
https://www.spektrum.de/news/jakartas-untergang/975254
[64] Elitendemokratie und Meinungsmanagment, Vortrag von Prof. Rainer Mausfeld 2018 – Youtube
https://www.youtube.com/watch?v=4qnvaSd2CrQ
[65] Vermögensungleichheit in Deutschland bleibt trotz deutlich steigender Nettovermögen anhaltend hoch, Wochenbericht 40/2019, DIW
https://www.diw.de/de/diw_01.c.679909.de/publikationen/wochenberichte/2019_40_1/vermoegensungleichheit_in_deutschland_bleibt_trotz_deutlich_steigender_nettovermoegen_anhaltend_hoch.html
[66] Apollo 13, Wikipedia
https://de.wikipedia.org/wiki/Apollo_13
[67] STS-51-L (Challenger Katastrophe am 28.01.1986), Wikipedia
https://de.wikipedia.org/wiki/STS-51-L#Das_Challenger-Ungl%C3%BCck
[68] Tempolimit (2023), Umweltbundesamt (UBA), 26.01.2023.
https://www.umweltbundesamt.de/themen/verkehr/nachhaltige-mobilitaet/tempolimit
[69] Das Dienstwagenprivileg – unsozial, klimaschädlich, unzeitgemäß, VCD, 21.10.2022.
https://www.vcd.org/artikel/dienstwagenbesteuerung
[70] Rotmilan gegen Windkraft, …, Frontal 21, ZDF, 22.02.2022.
https://www.zdf.de/politik/frontal/rotmilan-gegen-windkraft-100.html
[71] Hitze in der Innenstadt: Mehr Bäume … nötig Umweltbundesamt (UBA), 28.06.2022.
https://www.umweltbundesamt.de/presse/pressemitteilungen/hitze-in-der-innenstadt-mehr-baeume-schatten-noetig
[72] Lebensmittelverschwendung vermeiden: … Umweltbundesamt (UBA), 15.08.2022.
https://www.umweltbundesamt.de/umwelttipps-fuer-den-alltag/essen-trinken/lebensmittelverschwendung-vermeiden#unsere-tipps
[73] winCORES – Windkraft weiterdenken: … WestfalenWIND.
https://www.windcores.de/
[74] Kann Salz grünen Strom speichern? : Terra X, ZDF, 23.08.2021
https://www.zdf.de/dokumentation/terra-x/plus-schule-salz-kann-gruenen-strom-speichern-100.html
[75] Synthetische Kraftstoffe: Sind E-Fuelsdie Zukunft der Mobilität, ADAC, 15.05.2023.
https://www.adac.de/verkehr/tanken-kraftstoff-antrieb/alternative-antriebe/synthetische-kraftstoffe/
[76] Primärenergieverbrauch, Umweltbundesamt (UBA), 22.03.2023.
https://www.umweltbundesamt.de/daten/energie/primaerenergieverbrauch#definition-und-einflussfaktoren
[77] Energieverbrauch nach Energieträgern und Sektoren, Umweltbundesamt (UBA), 17.03.2023.
https://www.umweltbundesamt.de/daten/energie/energieverbrauch-nach-energietraegern-sektoren#allgemeine-entwicklung-und-einflussfaktoren
[78] 30 Jahre Montrealer Protokoll: Schutz von Ozonschicht und Klima, Umweltbundesamt (UBA), 17.09.2017.
https://www.umweltbundesamt.de/themen/30-jahre-montrealer-protokoll-schutz-von
https://www.umweltbundesamt.de/sites/default/files/medien/376/publikationen/1987_-_2017_30_jahre_montrealer_protokoll_bf.pdf
[79] Mahatma Gandhi, Wikipedia,
https://de.wikipedia.org/wiki/Mohandas_Karamchand_Gandhi
[80] Friedliche Revolution (Leipzig), Wikipedia,

https://de.wikipedia.org/wiki/Friedliche_Revolution_(Leipzig)
[81] Neolithische Revolution, Wikipedia,
https://de.wikipedia.org/wiki/Neolithische_Revolution
[82] Bezahlbares Wohnen: Darum sind die Mieten in Wien noch so günstig, Spiegel, 11.06.2022
https://www.spiegel.de/ausland/bezahlbares-wohnen-wie-wien-zum-groessten-vermieter-europas-wurde-a-7b980817-c992-450f-8263-8372ccbb5dba
[83] Elf Ideen für menschenfreundliche Städte, Spiegel, 26.04.2019
https://www.spiegel.de/auto/aktuell/citymaut-und-radschnellwege-elf-ideen-fuer-bessere-staedte-a-1264528.html
[84] Sauber durch die Stadt, Zeit Online, verschiedene Artikel von März bis Juli 2018
https://www.zeit.de/serie/sauber-durch-die-stadt
[85] Übereinkommen von Paris (2015), Umwelt Bundesamt, 31.01.2024
https://www.umweltbundesamt.de/themen/klima-energie/internationale-eu-klimapolitik/uebereinkommen-von-paris
[86] Beschluss vom 24.03.2021 1-BvR 2656/18, Bundesverfassungsgericht
https://www.bundesverfassungsgericht.de/SharedDocs/Entscheidungen/DE/2021/03/rs20210324_1bvr265618.html

Abbildungsverzeichnis: